乙未初秋

絲綢之路

謝辰生 時年九十四

谢辰生

彩图丝绸之路

朱利荣◎著
邱中巍　马路◎绘

中国科学技术出版社
·北　京·

图书在版编目（CIP）数据

彩图丝绸之路 / 朱利荣著. —北京：中国科学技术出版社，2016.4
ISBN 978-7-5046-7120-2
Ⅰ.①彩… Ⅱ.①朱… Ⅲ.①丝绸之路—图集 Ⅳ.①K928.6—64

中国版本图书馆CIP数据核字(2016)第059414号

特约策划 朱利荣
策划编辑 郑洪炜
责任编辑 李 洁 刘 晨
封面设计 尚町工作室
责任校对 韩 玲
责任印制 张建农

出 版 中国科学技术出版社
发 行 科学普及出版社发行部
地 址 北京市海淀区中关村南大街16号
邮 编 100081
发行电话 010-62103130
传 真 010-62179148
投稿电话 010-62103165
网 址 http://www.cspbooks.com.cn

开 本 889mm×1194mm 1/32
字 数 200千字
印 张 7.5
印 数 1—3000册
版 次 2016年4月第1版
印 次 2016年4月第1次印刷
印 刷 北京盛通印刷股份有限公司

书 号 ISBN 978-7-5046-7120-2/K·182
定 价 68.00元

丝绸之路彩绘画卷走过的探索之路

值此寒风凛冽的正月，苏州市科普促进中心朱利荣主任专程来访，重点探讨了由他任项目总策划的丝绸之路原创彩绘长卷。我们发现丝绸之路画卷是在求证了大量史实并在国内众多专家学者的共同参与下完成的，此举精神可嘉，此题意义重大，必将产生深远的社会影响。画卷以时间为轴，跨越5000年如梭的时空，把与丝绸之路上相关的重大事件、重要人物和珍贵文献用彩绘的形式串联起来，再现了丝绸之路文明发展过程中的科技成就与人文经典，让公众能够直观而快速地了解丝绸之路流光溢彩的历史知识、文化信息，通俗易懂、图文并茂，不失为一次科学普及与文化传承相结合的教育实践。

我们的祖国疆域广袤、历史悠久，拥有丰富的自然遗产和文化遗产，对世界文明做出了重要贡献，产生了深远影响。今天，在开发、保护、研究、利用好各种类型遗产的同时，更应该对全人类负责，为后人着想，这是我们这代人义不容辞的责任。利荣先生作为苏州科普界的领头人，多年来潜心钻研业务，可谓苦心孤诣。由他策划组织的众多科普项目获得国家、省、市级荣誉，他本人曾被授予苏州市“首席科普专家”称号。画卷中的线描版工作由苏州市职业大学副教授、画家邱中巍承担，彩绘版工作由苏州大学艺术学院马路教授带领的团队承担，奋斗了无数个日日夜夜，他们用辛勤劳动与智慧，为画卷增添了亮丽的色彩。在此，谨致以我们诚挚的感谢！

在人类漫长的发展过程中，遗产犹如一部记忆史书，在时光雕刻下记载着人类文明。以丝绸之路为代表的跨境文化线路的保护，是一个复杂和困难的过程，它的复杂和困难反映在遗产对象的多样性、综合性和系统性上，需要对相关遗产构成要素之间的相互关系以及它们对整体价值的贡献进行深入、系统的研究，需要建立起复杂和数量庞大的利益相关者之间的基本共识和合作关系。中国政府通过传承古代丝绸之路和平合作、开放包容、互学互鉴、迎难而进的精神，赋予其时代内涵，焕发其时代活力，彰显其时代价值。今天，“丝绸之路：长安—天山廊道”被成功列入世界遗产名录，其本身就意味着相关国家无论是在遗产保护领域的合作，还是在文化交流领域的对话，都进入一个崭新的阶段。2013年9月和10月，习近平总书记在出访中亚和东南亚期间，分别提出建设丝绸之路经济带和21世纪海上丝绸之路(一带一路)的战略构想。2015年3月，习总书记在博鳌亚洲论坛上进一步指出，让文明交流互鉴成为增进各国人民友谊的桥梁、推动人类社会进步的动力、维护世界和平的纽带。作为一条横跨欧亚的大走廊，“一带一路”既是经济走廊，亦是文明纽带。中国作为在申遗过程中发挥了主导作用的国家，如何在后申遗时代继续发挥这种作用已经不仅仅是遗产保护领域的问题，而是应该继续引领“一带一路”沿线国家在更多层面、更广领域开展全面合作伙伴关系，谋求共同利益、共同发展。“海上丝绸之路”的申遗准备工作是在“丝绸之路：长安—天山廊道”成功申遗的基础上，更有效、更广泛地发挥促进文化对话、理解、合作的作用，更有效地呼应“一带一路”的国家发展战略。

丝绸之路曾是经济贸易繁荣的象征，时光虽穿越千年，但西域大漠的驼铃之声，伴随着沿海码头上繁忙的景象，早就被岁月的年轮在旋转中刻满了难以割舍的痕迹，克孜尔、吐鲁番、敦煌石窟都见证了东西方宗教的交流融合。

中华文化绵延数千年，为传统文化赋予特定的内涵以及价值引导作用，是当代有良知的专家学者与社会贤达必须坚守的历史使命。感谢利荣先生，在生活大浪淘沙般的裹挟中，沉潜自觉，又饱具撼动灵魂的冲击力，始终坚守着精神家园。利荣先生主持策划完成的这幅长卷，每一段历史均烙印着主体的思想渴望和诉求，蛰伏着与读者心灵沟通的可能，更赋予画卷史诗般的为天地立心的担当色彩。他虽是一位普通的科普工作者，却以诗人的视角传递群体和时代的情思意向，不管历史的断层如何嬗变，整个画卷总能诗魂硬朗、充满活力与动感。他巧妙地在这些动感中，让那些相互间聚合拼贴的散点透视，完成了转型期中国“形象心史”的书写，让读者在最短的时间里捕捉到历史的纹理走向和内在脉动。只有民心相通，文化“走出去”才能落地有声。就像丝绸之路并非中国独有，丝绸之路画卷当然也要兼顾国际表达，故他准备在未来作品的创意中融入更多的国际化元素。中国传统文化基因从来都是多元的，敦煌壁画、赤轴黄卷的诞生便是多元文化融合的结果。“和合精神”对于今天的文化交流、民心相融同样极富现实意义。一幅画卷能够承载多少传统文化？一幅画卷又能面对何种未来？答案或许不一而足。曾几何时，中国从完全的农业社会向工业社会迈进之初，当看到自己的国土上，第一辆汽车下线，第一艘万吨轮下水，第一瓶啤酒出厂，第一匹高支棉布匹出厂，第一台机床在运转……人们激动得热泪盈眶！这些在《大国工匠》中迭现的镜头，给我们这个民族多少启示！至今想来都心潮难平。孔子讲：“不义而富且贵，于我如浮云。”表达了人对道德理想的追求比仅仅生命的保存还重要。

感谢中国科学技术出版社的领导、编辑独具慧眼，将本书纳入出版计划。虽然这本画册还在不断完善中，可能有些内容还存在一些瑕疵，但没有关系，包括编辑者在内的所有主创人员，有决心和底气，让它最终成为文化精品，放射出更加夺目的丽彩，为提升中华民族文化软实力尽绵薄之力，以飨后人。

丙申年正月二十一日

目　录

第一部分　文明大动脉 / 001

1.5000 年丝绸文化 / 002
2.《说文解字》中的系部字 / 003
3. 陆上丝绸之路 / 004
4. 海上丝绸之路 / 006

第二部分　丝路遗风韵 / 009

5. 伏羲化蚕，西陵氏始蚕 / 010
6. 嫘祖 / 011
7. 蚕神 / 012
8. 蚕花娘娘 / 013
9. 蚕月条桑 / 014
10. 蚕神献丝 / 015
11. 仰韶文化 / 016
12.《尚书 · 禹贡》 / 017
13. 蒙古鹿石 / 017
14. 良渚文化 / 018
15. 西阴村遗址 / 019
16. 钱山漾遗址 / 019
17. 河姆渡遗址 / 020
18. 草鞋山遗址 / 021
19. 梅堰龙南遗址 / 022
20. 踞织机 / 023
21. 甲骨文中的记载 / 024
22. 崧泽文化 / 025

23.《尚书 · 皋陶谟》 / 025
24. 箕子赴朝鲜 / 026
25. 先蚕祠 / 027
26.《礼记》 / 028
27. 摄桑委扬 / 029
28.《周礼 · 考工记》 / 030
29. 吴地贵缟 / 031

第三部分　迷人赛里斯 / 033

30. 妇好 / 034
31.《山海经》 / 035
32.《穆天子传》 / 036
33. 周穆王驾八骏西巡 / 037
34. 西王母 / 038
35. 赛里斯 / 039
36. 波斯 / 041
37. 阿育王 / 042
38. 希罗多德《历史》 / 043

第四部分　凿空大西域 / 045

39. 吴楚争桑 / 046
40. 伍子胥建春秋水师 / 047
41.《越绝书》 / 048
42. 织里 / 049
43. 西施浣纱 / 050
44. 秦始皇 / 051
45. 筑长城 / 052
46. 烽燧 / 053
47. 开灵渠 / 055
48. 御匈奴 / 055

49. 徐福东渡 / 056
50. 《吕氏春秋》 / 057
51. 汉武帝 / 058
52. 张骞 / 060
53. 张骞凿空 / 061
54. 张骞二次出使西域 / 062
55. 汉朝陆上丝绸之路 / 063
56. 汉朝海上丝绸之路 / 064
57. 和亲 / 065
58. 苏武牧羊 / 066
59. 细君公主 / 066
60. 解忧公主 / 067
61. 冯夫人 / 068
62. 王昭君 / 069
63. 司马迁 / 070
64. 《史记》 / 071
65. 坎儿井 / 072
66. 悬泉汉简 / 073

第五部分　胡笳十八拍 / 075

67. 汉地公主 / 076
68. 中国人众，大秦宝众，月氏马众 / 077
69. 汗血马 / 078
70. 李广 / 079
71. 霍去病 / 080
72. 卫青 / 080
73. 伊存授经 / 081
74. 《汉书 · 地理志》 / 082
75. 班固 / 083
76. 班超 / 084

77. 窦固 / 084
78. 甘英 / 085
79. 五星出东方利中国 / 086
80. 佉卢文 / 087
81. 老普林尼《自然史》 / 088
82. 蔡文姬 / 091
83.《胡笳十八拍》 / 091
84. 安世高 / 092
85. 法显 / 093
86. 朱应、康泰出使南海 / 095

第六部分　昭武融九姓 / 097

87. 昭武九姓 / 098
88. 蚕种外传 / 099
89. 鸠摩罗什 / 099
90. 克孜尔石窟 / 100
91.《洛阳伽蓝记》 / 101
92.《齐民要术》 / 101
93. 洛阳丝绸市场 / 102
94. 祆教传入中国 / 103
95.《魏书》 / 104
96. 绢马贸易 / 105
97. 贵霜 / 106
98. 安息 / 106
99. 天竺 / 107
100. 康居 / 107
101. 隋炀帝开凿大运河 / 108
102. 韦节 / 109
103.《西蕃记》 / 109
104. 裴矩 / 111

105.《西域图记》 / 111
106. 锦署 / 112
107. 织署 / 112
108. 司染署 / 113

第七部分 参天可汗道 / 115

109. 李世民 / 116
110. 六府七州 / 117
111. 参天可汗道 / 118
112. 永昌道 / 119
113. 吐蕃道 / 120
114. 西域道 / 121
115. 文成公主 / 122
116. 景教传入 / 122
117. 玄奘《大唐西域记》 / 124
118. 义净西行 / 125
119. 采桑绿水边 / 127
120. 一丈毯，千两丝 / 127
121. 造纸术西传大食国 / 128
122.《胡旋女》 / 129
123. 粟特人来华 / 130
124. 摩尼教传入 / 131
125. 伊斯兰教传入 / 132
126. 鉴真东渡 / 133
127. 日本遣唐史 / 134
128. 圆仁《入唐求法巡礼记》 / 135
129. 李珣 / 136
130.《海药本草》 / 136
131. 唐朝海上丝绸之路 / 137
132. 金乔觉 / 137

第八部分　四海朝妈祖 / 139

133. 三大丝绸产区 / 140
134. 宋元时期丝绸业发展 / 141
135. 妈祖 / 142
136. 林间桑子落 / 143
137. 《蚕书》 / 144
138. 设立市舶司 / 145

第九部分　马可·波罗来华 / 147

139. 冬冬画鼓祭蚕神 / 148
140. 采桑时节暂相逢 / 148
141. 赵汝适《诸蕃志》 / 149
142. 《梓人遗制》 / 150
143. 耶律楚材 / 151
144. 《西游录》 / 152
145. 成吉思汗 / 153
146. 丘处机 / 154
147. 去暴止杀 / 155
148. 《农桑辑要》 / 156
149. 王祯《农书》 / 157
150. 汪大渊 / 158
151. 《岛夷志略》 / 159
152. 马可·波罗 / 160
153. 宋元海上丝绸之路 / 161

第十部分　郑和下西洋 / 163

154. 帖木儿 / 164
155. 陈诚出使西域 / 165
156. 郑和下西洋 / 166

157. 航海图 / 167
158. 过洋牵星术 / 168
159. 四夷馆 / 169
160. 《农政全书》 / 170
161. 《天工开物》 / 171
162. 利玛窦 / 172
163. 艾儒略 / 173
164. 孙云球 / 174
165. 《崇祯历书》 / 175
166. 汤若望 / 176
167. 荷兰东印度公司 / 177

第十一部分 虎门销毁烟 / 179

168. 四大织造府 / 180
169. 三大名锦 / 181
170. 康熙《御制耕织图》 / 182
171. 樊守义《身见录》 / 183
172. 郎世宁 / 184
173. 海禁 / 185
174. 虎门销烟 / 186
175. 林则徐 / 187
176. 四大名绣 / 188
177. 怡和洋行 / 190
178. 陈启沅 / 191
179. 林启创办蚕学馆 / 192
180. 李希霍芬《中国》 / 193
181. 斯坦因 / 194
182. 沈寿 / 195
183. 《建国方略》 / 196
184. 黄文弼 / 197

185. 李约瑟 / 198
186. 张謇 / 199
187. 苏州蚕桑专科学校 / 200
188. 费达生 / 201
189. 苏州丝绸工学院 / 201
190. 振亚和东吴 / 202
191. 美亚织绸 / 203
192. 都锦生 / 204
193. 苏州丝绸博物馆 / 205

第十二部分　建设新丝路 / 207

194. 中国蚕桑丝织技艺 / 208
195. 国家级非物质文化遗产 / 210
196. 一带一路 / 212
197. 丝绸之路世界遗产 / 213
198.33 处丝绸之路世界遗产地 / 214
199. 丝路基金 / 215
200. 亚洲基础设施投资银行 / 216
201. 一带一路发展愿景 / 218

陆上丝绸之路
丝绸之路全长7000多千米，

第一部分

文明大动脉

❶ 5000 年丝绸文化

中国古代丝绸文化历史源远流长。有关出土文物可证实，我国丝绸的发展具有 5000 多年的历史。农耕时代早期，我们的祖先利用蜘蛛结网的原理，开始养蚕抽丝、编织各种织物用于御寒。从春秋至中唐时期，丝绸业的生产流程和织造工艺已经相当成熟。长江流域的江南地区、黄河中下游地区和四川盆地成为三大主产区。西汉时期，张骞受汉武帝委派两次出使西域，建立了中国通往中亚地区和欧洲的贸易大通道。从那以后，丝绸之路作为东西方文明交流合作的桥梁，在东西方社会、经济、文化、科学、教育交流史上发挥了巨大的作用。古老的丝绸业为中华民族文化和世界人类文明的发展做出了不可磨灭的贡献。2014 年 6 月 22 日，“丝绸之路：长安—天山廊道的路网”被联合国教科文组织世界遗产委员会列入世界文化遗产。

5000年

❷《说文解字》中的系部字

《说文解字》作为我国的第一部字典，在分析字形、训解字义的同时，也保存了大量的古代历史文化信息。其中糸部共收字267个，含重文30个，新附字8个，字虽不多却承载了极为丰富的文化信息。其所收字大致可作如下分类：丝线原料类、状态类、工艺类、丝织品类、麻织品类、服装类、饰物类、绳索类、颜色类等。如此细致的区分足以说明当时人们已具有了高超的分类能力、敏锐的观察能力和细致的审美能力。由此，我们也可以了解古代丝织业、染色业的发展情况，可以窥见古人思维方式的发展历程以及哲学思想作用于时代生活的轨迹。

③ 陆上丝绸之路

陆上丝绸之路指中国古代连接中亚地区和欧洲诸地的陆上以丝绸贸易为主的路网通道。《穆天子传》详细记载了西周时期周穆王驾八骏西巡会西王母的故事，说明在商周时期丝绸之路已具雏形。西汉时期，张骞出使西域后，逐渐形成了从长安经河西走廊到敦煌后通往西域的路网干道，主要有北路、中路和南路。隋唐时期，

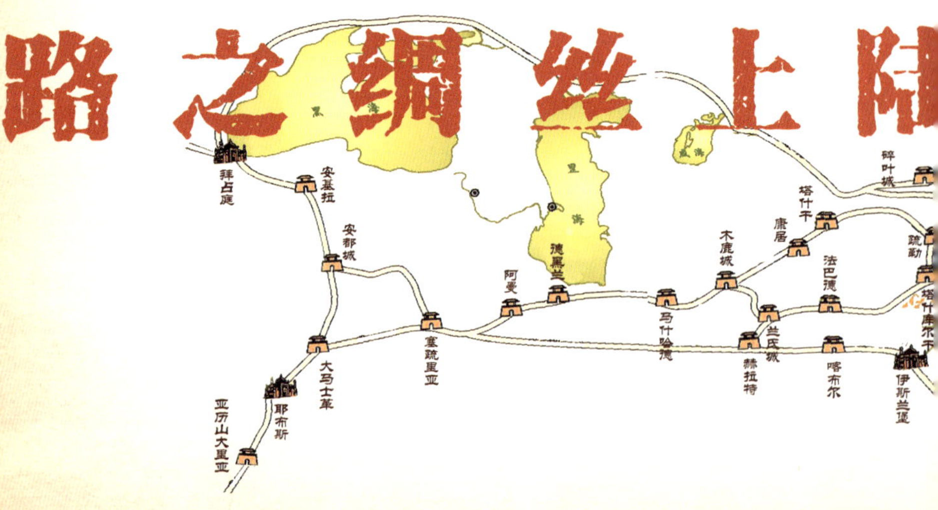

丝绸之路来往商旅、驼队绵延不绝，丝路贸易进入全盛时代，其中最具代表性的有西域道、西蕃道、永昌道等。2000 多年来，古老的丝绸之路由于战争和社会动荡曾经多次中断。15—16 世纪，由于海上丝绸之路的崛起，陆上丝绸之路日渐衰落。19 世纪 70 年代，德国地理学家李希霍芬（Ferdinand von Richthofen，1833—1905）将之命名为“丝绸之路”后，被国内外专家、学者广泛接受，并沿用至今。

④ 海上丝绸之路

海上丝绸之路是从中国古代沿海港出发通向三个不同方向的线路：一是至朝鲜半岛和日本，二是至东南亚诸国，三是经南亚、阿拉伯至东非沿海诸国。海上丝绸之路的发展可追溯到汉朝，在汉武帝的努力下，先后开辟南北沿海航线、朝鲜、日本等多条重要的航线。随着我国古代造船技术和航海技术的发达，海上丝绸之路在隋唐、宋元时期进入贸易繁荣发展期，特别是在宋朝，在沿海城市设立九大市舶司，广州、泉州、宁波成为当时三大贸易港口。明朝郑和下西洋，从东南沿海，过南海绕道东南亚诸国，经马六甲海峡，穿过印度洋，进入阿拉伯海到东非和欧洲地区，这对西方世界进入大航海时代起着先导性作用。明清两朝实行海禁政策，海上贸易一落千丈。从3世纪30年代起，广州成为中国唯一的对外贸易大港，是中国海上丝绸之路历史上最重要的港口，可以称为“历久不衰的海上丝绸之路东方发祥地”。

綢
丝

吴地贵缟
摄桑委扬
禮記
箕子赴朝鲜
《尚书·皋陶谟》
西阴村遗址
草鞋山遗址
梅堰龙南遗址
钱山漾遗址
《周礼·考工记》
先蚕祠
踞织机
甲骨文

第二部分

丝路遗风韵

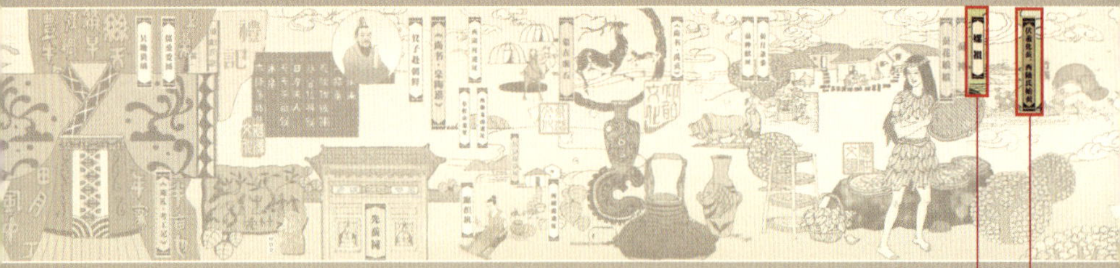

⑤ 伏羲化蚕，西陵氏始蚕

伏羲化蚕，西陵氏始蚕

丝绸起源于中国。我国古籍《皇图要览》中记载：“伏羲化蚕，西陵氏始蚕。”这就是传说中的人类始祖伏羲氏化蚕桑为穗帛，到了黄帝时期，西陵氏开始养蚕。1926 年在山西夏县西阴村的仰韶文化遗址（前 5000—前 3000 年）发现了用锋利工具截切一半的蚕茧，也印证了该点。1976 年在浙江余姚河姆渡村的新石器时代遗址（约前 4000 年）出土了一批纺织用的工具和牙质盅形器，器具周围用阴纹雕刻着蠕动的蚕形象并配以编织花纹，说明当时人类已开始蚕茧的利用及原始的纺织。

⑥ 嫘祖

嫘祖，别称累祖、雷祖，传说中远古时期人物。传说她是西陵氏之女，轩辕黄帝的元妃，养蚕织丝的创始者。黄帝打败蚩尤后举行庆功会，会上有蚕神献上黄白二丝，光彩照人。她受到启发，于是开始教人们养蚕，从蚕茧抽出蚕丝，最终做成衣服供天下人御寒，因此被后世奉为蚕神。这个传说反映了华夏民族在远古时代就掌握了养蚕和丝织的技术。嫘祖又从蜘蛛结网中得到启示，发明了养蚕、抽丝、编绢、制衣之术，并将此法传遍四方。

⑦ 蚕神

古代文献和习俗中有很多蚕神。当时人们的养蚕技术还处在初级阶段，往往把收成的好坏寄托于不可捉摸的神灵或意想中的养蚕发明人或蚕的化身，对他们产生崇敬的心情。商朝的蚕神叫蚕示，祭祀时用三头牛、三对雌雄羊，甚至还用杀了的羌奴来祭祀。周朝，养蚕前祭祀先帝。汉朝用猪羊祭蚕神，待至北朝、北齐用牛祭黄帝轩辕。北周以牛祭嫘西陵氏。《搜神记》上曾记载一则蚕由马变成的神话，故唐朝“以先蚕为天驷”。南宋时沿袭北周的习惯，把嫘祖祀为先蚕。明清两朝，各地祭马鸣王菩萨的很多，清朝祭祀嫘祖的也不少，且同一地区，祭祀马头娘（马鸣王菩萨）和嫘祖的都有。四川相传蚕丛氏为蜀侯，后称蚕王，他经常穿着青衣，巡行郊野，教民养蚕。乡人立祠祭祀，称作青衣神。

⑧ 蚕花娘娘

民间还有关于蚕花娘娘的传说。蚕花娘娘是“马头娘”“马头神”“蚕花五圣”的总称。传说古时有一女子因想念远征在外的父亲，对其家白马说：“你若能接我父亲回家，我愿做你的妻子。”白马奋鬣长嘶，脱缰而去。不久，便驮着其父回家。父女喜得团圆，给白马以丰养，但马不肯食，每见女出入，则奋蹄长嘶。父亲大惑不解，女儿告其原委，父怒，射杀白马，剥马皮置晒在庭前。女子踏马皮讥笑之，狂飙突起，马皮包裹女子飞腾而去。以后，于大树枝间，见女子及马皮已化为马头形的蚕宝宝，后又作茧，厚大异常。民间还流传有《马头娘歌》《蚕花歌》等歌谣和叙事诗。

⑨ 蚕月条桑

《诗经·七月》属于十五国风中的《豳风》，它广泛而真实地展示了西周初年农耕奴隶们的生活图景。《诗经·七月》按照一年四季的节令顺序，巧妙地把当时的自然风物、生产劳动、衣食住行、吏民关系、风俗习惯等，编织进诗歌，真实、生动地反映了3000多年前西周的社会生活状况，是我国文学史上最早、最全面地用现实主义方法反映社会生活的篇章，具有极高的文学价值和史料价值。其中“九月授衣”（九月起多穿衣裳）、“无衣无褐”（没有御寒的衣服）、“蚕月条桑”（养蚕的月份修剪桑树枝条）、“八月载绩”（八月开始织麻）、“为公子裳”（献给贵人做衣裳）都反映了当时的蚕桑文明和丝织文明。

蚕神献丝

⑩ 蚕神献丝

《黄帝内经》记载："黄帝斩蚩尤，蚕神献丝，乃称织纴之功。"传说黄帝打败蚩尤以后，在庆贺战争胜利的时刻，蚕神来向黄帝奉献她所吐的丝表示祝贺，黄帝看到这个美丽而稀罕的东西称赞不已，心想咱天下老百姓有宝贝了。蚕神见黄帝如此关怀天下人民，深受感动，就变成一条蚕，嘴里吐出黄、白两种丝来。黄帝立即派人把蚕送给妻子嫘祖。嫘祖见到可爱的蚕宝宝，亲手把它放到桑树上，每天精心看管养蚕，教人养蚕织绸制衣，被后人称为"蚕丝鼻祖"。

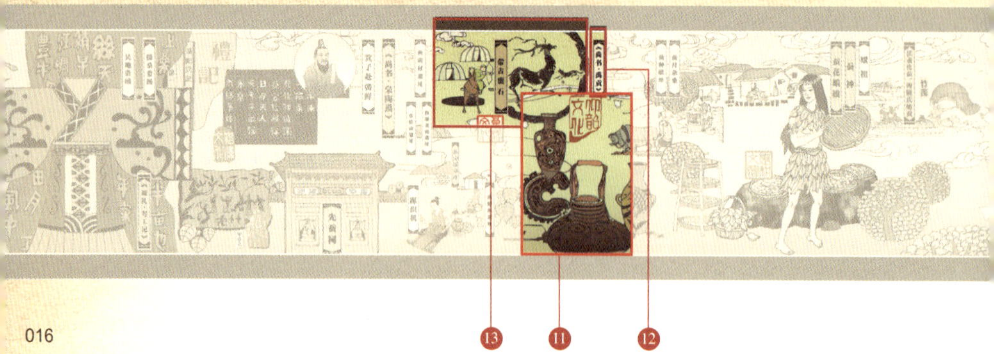

⑪ 仰韶文化

仰韶遗址是新石器时代黄河中游地区最有代表性的文化，在1921年由号称“仰韶文化之父”的瑞典人安特生（Johan Gunnar Andersson，1874—1960）首次发现于河南渑池仰韶村，遗址年代约为公元前5000—前3000年。从遗址出土的石器、骨器和陶器等文物看，大部分工具用于农业耕作生产，如石斧、铲、刀、锛、凿等，由于出土的陶器是用红陶土为原料制作的，表面还绘有精美的花纹和图案，故仰韶文化也称彩陶文化。出土的文物中还有丝绸纺织用的纺轮、骨锥和骨针等，说明当时的丝绸纺织手工技艺已经相当成熟。

《尚书·禹贡》

⑫《尚书·禹贡》

中国第一篇区域地理著作《尚书·禹贡》，以自然地理实体为标志，将全国划分为九州，并对每州的疆域、山脉、河流、植被、土壤、物产、贡赋、少数民族、交通等自然和人文地理现象做了简要的描述。《尚书·禹贡》记载黄河和长江流域的土地上种了桑，养了蚕，竹筐里面盛着有花纹的锦绣。还记载了淮夷的珍珠和鱼类以及用竹筐盛着的纤细洁净的黑白丝绸。进贡时，走水路通过淮水、泗水，然后转入黄河。反映了当时的蚕桑技术的繁荣。

蒙古鹿石

⑬蒙古鹿石

考古专家认为鹿石是古代游牧民族心目中的图腾。大约在公元前13—前6世纪，鹿石古代文化遗迹的分布极其广泛，主要在我国新疆和蒙古高原一带，几乎遍及欧亚草原，是我们研究亚欧草原通道，即草原丝绸之路的重要历史遗存。草原丝绸之路在亚欧草原通道中开发最早，是由漠北大草原经由阿尔泰山向西延伸的路线，沿着这条路网自东向西有着很多古代遗址，包括岩画、石人、石墓、石棺等，并且还出土了大量文物。这些重要的实物载体，与其自然生态、居住环境、人文地理有着十分密切的关系，同时，见证了草原丝绸之路北方游牧民族与中原农耕文化交融发展的历史。

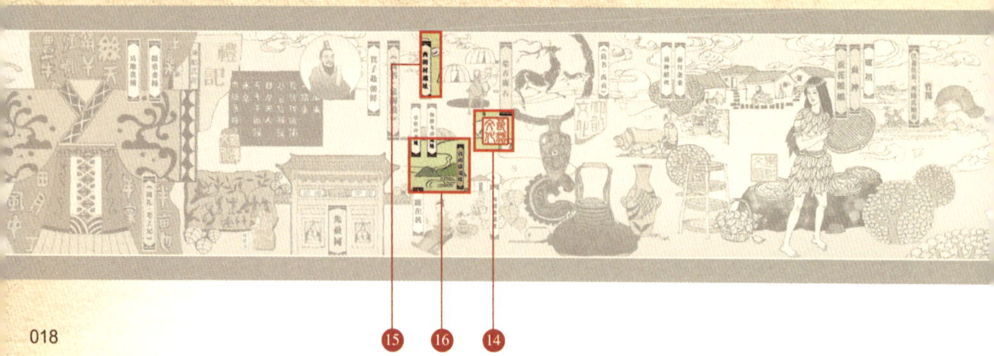

⑭ 良渚文化

良渚文化主要分布在我国长江下游太湖流域，距今5300—4500年，是新石器时代遗址，因遗址地点在浙江余杭良渚镇一带而得名。经考古调查和发掘，初步查明该遗址分布除良渚、安溪、瓶窑等核心地区有50余处外，地域范围可扩大至太湖流域、长江三角洲地区。有村落、墓地、祭坛等各种遗存，还出土了大量的文物，专家认为“良渚文化是中华文明的一个源头”。其中钱山漾遗址出土的绢片、丝带和丝线，是目前中国史前时期最重要的丝织品实物，经鉴定原料均是家蚕丝。

西阴村遗址

⑮ 西阴村遗址

西阴村遗址位于山西省运城市夏县尉郭乡西阴村的西北部，遗址东西长560米，南北宽800米。它是中国考古学者主持发掘的第一处新石器时代文化遗址。1926年10月，北京清华大学研究院李济博士在此地进行考古发掘，共发现60箱陶器、石器、岩器等遗物，其中有半个蚕茧化石，被确认为中国丝绸纺织史上最重要的实物证据，被写进多种史学著作。历史学家范文澜在《中国通史简编》中写道："如果西阴村的半个蚕茧化石鉴定不误，那更使人联想到嫘祖发明了养蚕的故事。"

⑯ 钱山漾遗址

钱山漾遗址

钱山漾遗址距今4700多年，属新石器时代良渚文化，遗址位于浙江省湖州市境内城南7000米的古村落（现属吴兴区）。该遗址出土了大量陶器、石器、骨器、玉器等珍贵文物，说明新石器时代太湖流域、江南地区当时的农耕文化已相当发达，特别是遗址中出土的残绢片和丝、麻织品是我国迄今最早发现的苎麻布和以家蚕丝为原料的丝带和绢片，体现出良渚文化时期纺织技术已达到很高的水平，对研究丝绸历史文化具有很重要的价值。

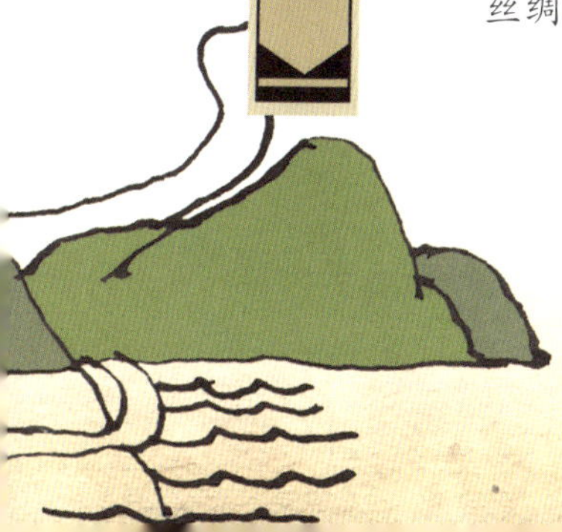

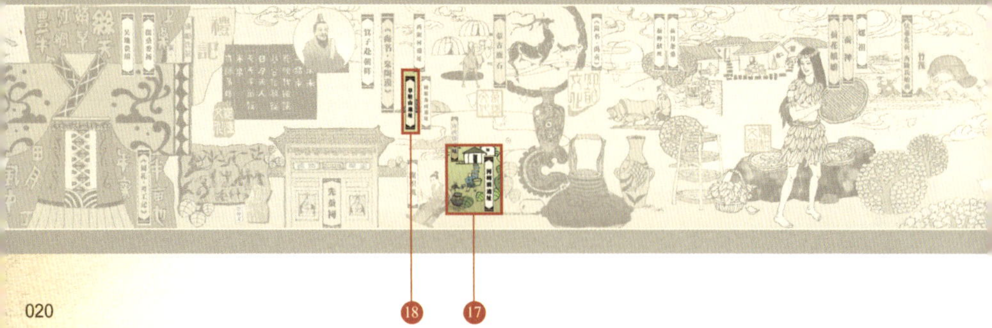

⑰ 河姆渡遗址

河姆渡遗址位于甬江上游余姚江北岸，距宁波城区25千米。据考古实物证明，距今7000—6000年前，在今宁波余姚市河姆渡一带的河姆渡人已经能制造和使用舟楫，航行于港湾和近海，这是迄今为止已被实物证明的中国最早的航海活动。出土的石斧、陶器、栽桩架木建筑和燃烧灰烬遗迹证明，河姆渡人不仅已经具备制作独木舟的条件，而且已具有使用独木舟从事捕捞和航海活动的能力。此外，还出土了原始腰织机的部件，制作水平很高，表明长江流域和黄河流域一样，是中国远古文化的摇篮。

草鞋山遗址

⑱ 草鞋山遗址

苏州唯亭草鞋山遗址，位于江苏省苏州工业园区唯亭镇南村阳澄湖南岸，属于新石器时代遗址，具有6000多年的历史。经考古挖掘发现，该遗址的堆积厚度最厚处达11米，考古专家把它分为10个文化地层。由于遗址跨越多个年代的文化层次，因此，出土遗迹、遗物丰富，被业内专家誉为“江南史前文化标尺”。遗址中发现木构建筑遗迹，精美的琮、璧、串饰等玉器，陶鼎、罐、壶等陶器，石刀、钺、斧等石器，还有炭化粳籼稻谷、农用器具等，反映出太湖流域先进的生产生活水平。此外，在马家浜文化层中发现3块纺织品，经鉴定是以野生葛为原料、纬线起花的罗纹织品。这是目前所知中国年代最早的纺织品实物，在纺织史上具有重要价值。

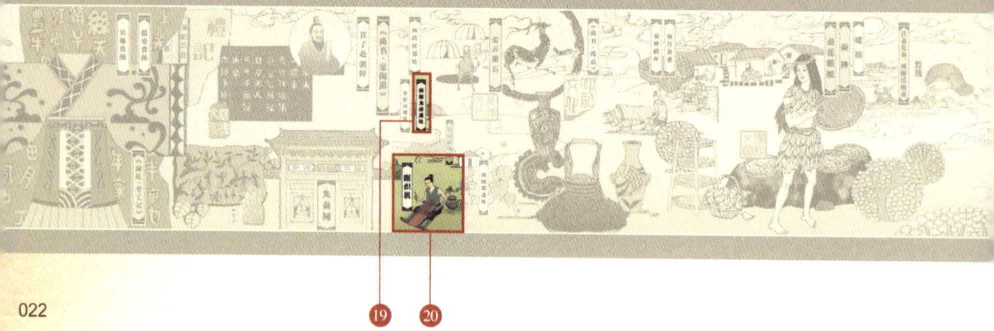

⑲ 梅堰龙南遗址

梅堰龙南遗址位于苏州市吴江区梅堰龙南村西南。该遗址1984年被发现，经勘查遗址总面积约4万平方米。1847—1997年，苏州博物馆和吴江县（市）文物管理委员会先后4次发掘，揭露面积1020平方米，文化堆积层厚1.77米。上层为商周至宋朝文化，发现水井、灰坑等。下层包含崧泽文化与良渚文化过渡期、良渚文化早期和良渚文化3个时期，发现浅地穴式、半地穴式房址13座，干栏式房址1座，灰坑20个，墓葬17座，水井1口，河道1条，路1条。这里出土了带有丝绞花纹和蚕形纹的黑陶，经鉴定历史在4000年以上，此外还有少量覆盆形纺轮，都是苏南蚕桑文化的珍贵实物。

⑳ 踞织机

踞织机，又叫纺机、织布机、棉纺机、腰机等。原始踞织机最早出土于河姆渡新石器时代遗址，是现代织布机的始祖。浙江余姚河姆渡遗址出土了许多经轴、分经木、齿状器、绕纱棒等部件，被业内专家认定为国内发现的、最早的原始踞织机部件。经过不断改进革新，汉朝之前发明了脚踏提综的斜织机，这种织机的部件中已经有了两头尖的梭子，踞织机是通过人工来回穿梭编织成绸布的织布工具。织布机经过人工编织、人工半自动编织（手脚并用）、机械半自动编织和全自动编织等近数千年的发展过程。20 世纪 70 年代，无梭织布机技术被广泛采用，主要有剑杆织机、喷气织机等，到目前为止，已形成智能化、高速化、宽幅化、系列化、个性化的现代织布新局面。

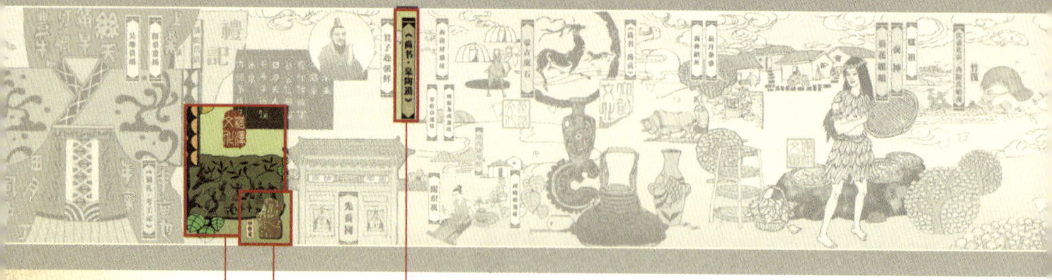

22 21 23

㉑ 甲骨文中的记载

河南安阳殷墟出土的甲骨文中有关于蚕桑文化的象形文字，通过研究与蚕桑有关的卜辞，考古专家认定：有的卜辞上记载，叫人察看蚕事，要经过九次占卜。在一片甲骨文上还刻有用牛祭奠蚕神的内容，反映了古代先民崇尚“敬天畏地”“天人合一”的精神境界，同时，也可见蚕桑业发展在当时黄河中下游地区有着十分重要的社会地位。

甲骨文

㉒ 崧泽文化

崧泽文化属中国长江三角洲地区的新石器文化，距今5800—4900年，属母系社会向父系社会过渡阶段，以首次在上海市青浦区崧泽村发现而得名。分布范围以太湖平原为中心，西起镇江一带，北达通扬运河，南至杭州湾北岸。崧泽文化上承马家浜文化，下接良渚文化，是长江下游太湖流域的重要的文化阶段。这里发现了陶纺轮、陶网坠，器表纹饰富有特色，有图案编织状压划纹、瓦棱纹和花瓣状圈足底沿。

㉓《尚书·皋陶谟》

《尚书》是上古历史和部分追述古代事迹著作的汇编。《皋陶谟》是其中的一篇。全文内容翔实，富有文采，是我国最早、最完整的政务会议记录。此篇为《今文尚书》28篇之一。文中最早出现了关于“十二章”的记载，将天子与群臣的衣裳分为十二章纹样作装饰，以彰显天子的威仪。

《尚书·皋陶谟》

㉔ 箕子赴朝鲜

箕子是商朝贵族。纣王的叔父，官太师。曾劝谏纣王，纣王不听其劝，将其囚禁。周武王灭商后将他释放。商后，箕子率5000名商朝遗民东迁至今朝鲜半岛北部，联合土著居民建立了“箕氏侯国”，被认为定都在大同江流域（今平壤一带）。这是朝鲜古史上的传说时代。中国文献记载：周朝的武王灭殷后，遗臣箕子受封并率5000人去朝鲜，教民礼义耕织，把丝织等文明传到朝鲜，从此朝鲜进入文明时代。

㉕ 先蚕祠

先蚕祠位于吴江市盛泽镇五龙路南口，即盛泽丝业公所，俗称蚕花殿或蚕皇殿。先蚕祠因祭祀蚕神嫘祖而得名。清道光二十年（1840年）盛泽丝业同人集资建造，坐北朝南。近代已残缺不全，1999年进行了全面修复。现占地2701平方米。主轴线三进。前为门楼，砖细三拱门，一大二小，单檐歇山顶，下有须弥座。中门上方有“先蚕祠”竖匾，左右门上方嵌华版。门楼两侧有八字清水砖壁，顶部列砖雕如意斗拱。门楼内顶正中置斗八藻井和如意斗拱。进门过小天井为重建的戏楼及东西厢楼。旧时每年小满节（蚕神诞辰）在此演戏酬谢“蚕花娘娘”，保佑蚕桑丰收、丝业盈利，称为“小满戏”。第三进为蚕皇殿，正中神坛上原塑有轩辕（黄帝）、嫘祖、神农三尊贴金坐像。西轴线前三进为新建厅堂，现为吴江丝绸陈列馆。

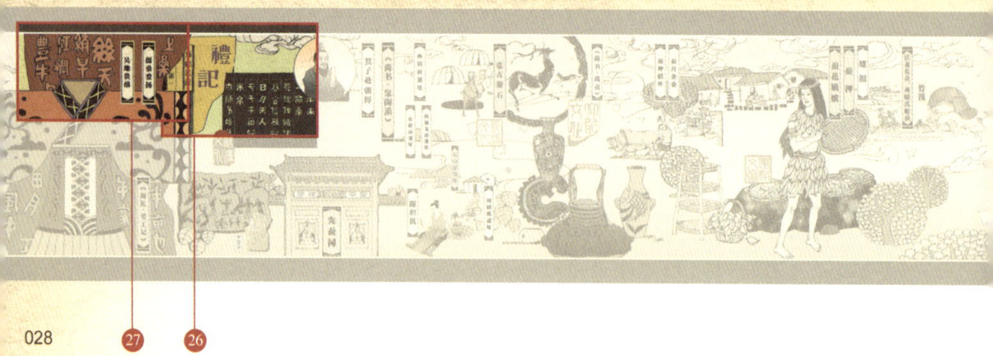

㉖《礼记》

《礼记》为儒家经典之一，是研究中国古代社会情况的重要参考书。全书用记叙文形式写成，与《仪礼》《周礼》合称“三礼”，是儒家思想经典之作，对后世影响较大。《礼记》中记载：丝绸只能由王室成员使用。周朝礼仪制度中的冠服制度对五礼（吉、凶、宾、军、嘉）场合不同等级的人所着服饰的形制、色彩、图案都做了严格的规定。

㉗ 摄桑委扬

《夏小正》为中国现存最早记录农事历书的文献之一，《夏小正》全文共400多字，按一年12个月分别记载每月的气候、物产、日月星象、农事生产和社会现象等。《夏小正·三月》中就有“摄桑委扬”的话，意思是整理桑树，去掉徒长的枝条。这是最早的关于桑树种植技术的记载。其中还记载“妾子始蚕，执养宫事”，反映了古代时期农家妇女在三月里开始在蚕室养蚕的情景。

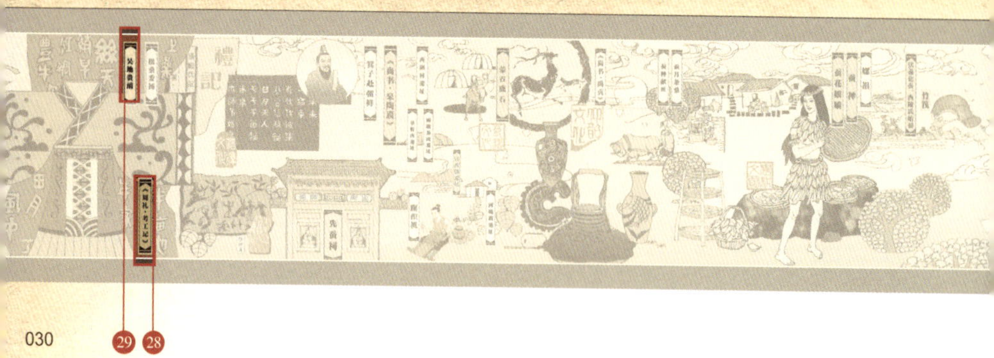

《周礼·考工记》

㉘《周礼·考工记》

《周礼·考工记》是中国最早记录古代先民手工技艺的重要文献，《周礼·考工记》中有“国有六职，百工与居一焉”“凡攻木之工七，攻金之工六，攻皮之工五，设色之工五，刮摩之工五，抟埴之工二”的记载，在中国科学技术、工艺美术和工匠技艺传承方面有着不可磨灭的贡献。《周礼·考工记》中“治丝麻以成之，谓之妇功”“荒氏湅丝，以涚水沤其丝七日，去地尺暴之”等内容，记载了战国时期手工丝麻编织、染丝等技术。

㉙ 吴地贵缟

这是先秦关于丝织文明的又一明确记载。襄公二十九年《左传》记载："（吴之公子札）聘于郑，见子产，如旧相识，与之缟带，子产献纻衣焉。"晋朝的杜预注说："吴地贵缟，郑地贵纻，故各献己所贵，示损己而不为彼货利。"其中，"缟纻"指缟带和纻衣。缟带指用白色绢制成的大带，纻衣指用苎麻纤维织成的衣服。后世以"缟纻之交"指交情笃深。

希罗多德
《历史》
阿育王
王母赠宝
赛里斯
波斯

第三部分

迷人赛里斯

妇好

㉚ 妇好

妇好是商王武丁的妃嫔之一。妇好经常受命主持各类祭典，多次为武丁征集兵员，率领军队东征西讨，是我国有史以来第一位女性军事统帅。1976 年在河南安阳小屯西北发现其墓葬，该墓葬是目前唯一保存比较完整的商朝帝王室成员的墓葬。在殷墟妇好墓中，出土了大量的随葬品，有青铜器、玉器、石器等不同质地的文物达 1928 件，其中有 50 多件青铜礼器表面附有织物，约 40 件是丝织物。

㉛《山海经》

《山海经》是一部记载中国古代神话、地理、植物、动物、矿物、物产、巫术、宗教、医药、民俗、民族的著作。《山海经·海外东经》记载：“汤谷上有扶桑，十日所浴。”郭璞注：“扶桑，木也。”《山海经·海外北经》记载：“欧丝之野在大踵东，一女子跪踞树欧丝。三桑无枝，在欧丝东，其木长百仞，无枝。知范林方三百里，在三桑东，洲环其下。”由此可见，《山海经》记载桑蚕文化，足以证明我国丝绸文化历史悠久、源远流长。

㉜《穆天子传》

《穆天子传》，又名《周穆王游行记》，是西周的历史典籍之一。《穆天子传》以日月为序，详细记载了周穆王驾八骏西巡天下之事，行程九万里，会见西王母。其周游路线自洛阳北渡黄河，逾太行，涉滹沱，出雁门，抵包头，过贺兰山，穿鄂尔图期沙漠，经凉州至天山东麓的巴里坤湖；又走天山南路，至新疆和田河、叶尔羌河一带；又北行2000余里，至“飞鸟之所解羽”的“西北大旷原”，即中亚地区；回国时走天山北路。这是我国有文字记载的最早的旅行活动。

㉝ 周穆王驾八骏西巡

周穆王，西周国王。姬姓，名满。昭王之子。在位期间征犬戎，伐徐戎，作甫刑，并在涂山（今安徽怀远）会诸侯。传说他西行巡狩，与西王母饮于瑶池，乐而忘归。《穆天子传》即写他西游的故事。周穆王西巡驾八骏用的马，是由野马驯化而成的。五帝时期，已有了马拉车的技术，经夏、商、西周三朝，华夏民族利用马拉车形成的军阵挫败过无数次异族的入侵，创造了多次改朝换代的历史。周穆王西巡时，除自己乘坐八骏龙车外，还有一个庞大的运输车队，“献锦组百纯，素组三百纯”，车上装有帛、贝带、朱带、锦、朱丹等极其珍贵的丝绸，他将这些礼物赠给了西王母。

34 35

㉞ 西王母

西王母是传说中的女神。《山海经》说：“其状如人，豹尾虎齿，善啸，蓬发戴胜。”后世多以西王母为美貌女神，掌管女仙名籍。《穆天子传》更详记周穆王西游，会见西王母的经过。其中提到她曾接受周穆王所赠的华美的丝织品。后世学者认为“西王母之邦”为尚处母系氏族社会的一大氏族，“西王母”即此氏族的女性首领。但对此氏族所在的地理位置则不能确指。

㉟ 赛里斯

赛里斯，意为丝国、丝国人，是古代希腊、罗马人对中国的称呼。他们称中国人为赛里斯人（Seres），中国的首都为赛拉（Sera）。赛里斯义为丝。因中国向西方输出丝及丝织品而得此名。据英国人亨利·玉尔（Henry Yule，1820—1889）在《古代中国闻见录》中的记载，希腊人克泰夏斯（Ctesias，生卒年不详）、斯特拉波（Strabo，前54—24）的著作及古罗马人老普林尼（Pline L' Ancien，23—79）的《博物志》中，均有称述，谓赛里斯产丝闻名遐迩，罗马金钱每年流入赛里斯者甚多。

36

波斯

㊱ 波斯

波斯帝国（今伊朗）是位于西亚伊朗高原地区，以古波斯人为中心形成的君主制帝国，始于公元前550年居鲁士大帝开创阿契美尼德王朝，终于1935年巴列维王朝礼萨·汗，改国名为伊朗。历史上波斯人曾建立过多个帝国，如阿契美尼德王朝、萨珊王朝、萨曼王朝、萨非王朝等。全盛时期领土东起印度河平原、帕米尔高原，南抵埃及、利比亚，西至小亚细亚、巴尔干半岛，北达高加索山脉、咸海。波斯兴起于伊朗高原的西南部。自公元前600年，希腊人把这一地区叫作波斯。直到1935年，欧洲人一直使用波斯来称呼这个地区和位于这一地区的古代君主制国家，而波斯人则从依兰沙赫尔时期起开始称呼自己的古代君主制国家为埃兰沙赫尔，意为“中古雅利安人的帝国”。作为丝绸之路上重要的国家，波斯与中国的交往有着悠久的历史。

㊲ 阿育王

阿育王为印度孔雀王朝的著名帝王。公元前272年继其父宾头沙罗为王。公元前260年，灭掉印度最后一个独立国羯陵加（今奥里萨），使孔雀帝国成为版图空前辽阔的统一帝国。整个南亚次大陆除半岛极南端（至迈索尔）一部分地区外，悉为他所统治。之后，他皈依佛教，刻佛教的训示在岩石或石柱上，大约在公元前253年在华氏城赞助召开佛教的第三次结集大会。之后他派遣传教士去叙利亚、埃及、塞里尼、马其顿、埃皮鲁斯、锡兰、缅甸以及其他亚洲国家传播佛教。他对王国政事也颇为用心，勤于体察民情，使帝国呈现出一时的和平盛世。公元前232年病逝。坐落于宁波市区以东16千米太白山麓华顶峰下的阿育王寺，是中国佛教“中华五山”之一，也是我国禅宗名刹“中华五刹”之一，在“海上丝绸之路”的佛教史及中日文化交流史上有着重要地位。

阿育王

38 希罗多德《历史》

希罗多德（Herodotus，约前484—前425）是古希腊历史学家，生于小亚细亚哈利卡纳苏城。曾游历埃及、两河流域、叙利亚、黑海北岸等地。他在各地考察风土人情，采访民间传说。后移居雅典，与伯利克里等人友善。在西方史学中有“历史之父”之称，著有《历史》（即《希腊波斯战争史》）共9卷。《历史》主要记叙了希波战争的第一阶段，也记述了波斯、腓尼基、巴比伦、埃及、印度等国家的历史、地理和风俗习惯，其中有不少关于丝绸之路及沿线国家的史料，文笔生动，是研究世界古代史的重要史书，同时还具有重要的文学价值。

张骞
张骞二次出使西域
汉朝陆上丝绸之路
汉朝海上丝绸之路
张骞凿空
漢代和親
苏武牧羊
细君公主
解忧公主
冯夫人
王昭君
司马迁《史记》
悬泉汉简
坎儿井

第四部分

凿空大西域

㊴ 吴楚争桑

战国时吴、楚两国蚕农争桑相斗，以至引发战争。吴楚争桑后比喻不知礼义，因小失大。《史记·吴太伯世家》记载：“战国吴楚边境蚕农争桑，互不相让。两国边邑长闻之。怒而相攻，导致两国战事爆发。”宋朝陆游撰《剑南诗稿·书喜》：“俗美农夫知让畔，化行蚕妇不争桑。”无独有偶，时隔2500多年，在20世纪的江浙、鄂皖等地区曾多次爆发“蚕茧大战”，由此看来还是利益冲突所致。

吴楚争桑

㊵ 伍子胥建春秋水师

伍子胥建春秋水师

伍子胥，春秋时的吴国大夫，名员，楚大夫伍奢之子。其父兄被楚平王杀死后，逃奔吴国，助阖闾杀吴王僚而夺取王位。又辅佐阖闾伐楚，五战而入楚都郢，以功封于申，故又称申胥。夫差为吴王时，力谏杀掉越王勾践，夫差不从，伍子胥也因此渐被疏远。后夫差听信谗言，赐剑令其自杀，将其首级挂于城门以示众。春秋战国时期各国水师建设蓬勃发展，当时比较有名的有吴、越、齐、楚等国，吴国水师在伍子胥的统帅下，曾在太湖建立水（舟）师，训练士兵在水上作战的能力。春秋水师的发展，给造船技术带来经验，同时，也为将来开辟海上丝绸之路奠定了基础。

㊶《越绝书》

《越绝书》又称《越绝纪》，东汉袁康撰，吴平校定。原书25卷，现存15卷。记载越地民情、地理、城池、冢墓、建置等。内容包括越国农业、渔牧业、林业、手工业生产（包括丝织业的情况）；吴越交兵，越王勾践生聚教训，兴越灭吴，称霸中原的经过；勾践、文种、范蠡、计倪、西施、郑旦、皋如等人物的活动。全书多采传闻异说，所记与《吴越春秋》相出入。该书为浙江最早的方志，亦是中国现存最早的地方志书。历来学者多视其为现存中国地方志之鼻祖。其中，如“葛山者，勾践罢吴，种葛”就是我国最早的关于葛麻种植的记载。

织里

㊷ 织里

织里，今吉利桥，位于苏州城内道前街之司前街口，即为织里桥讹传。织里是春秋时期吴国吴王宫廷所设织造锦绸的场所，也是我国最早由官府设立的专门机构，说明当时苏州就已生产缟、锦、罗、缯等丝织品。据文献考据，唐朝陆广微《吴地记》记载："织里，今织里桥，在丽娃乡。俗呼失履桥，利娃乡，讹也。"北宋李宗谔《祥符图经》中亦作织里桥。北宋范成大《吴郡志》记载："织里桥，今讹为吉利桥。"北宋朱长文《吴郡图经续记》记载："失履桥在吴县西南，吴王有织里，以是名桥，谓之失履，俗讹也。"明朝卢熊《苏州府志》记载："本吴王织里，故名。"明朝王鏊《姑苏志》记载："织里桥南街，今司前街。"

另有织里镇，位于湖州市吴兴区东部，北依太湖，南靠318国道和长湖申航道，历史上因织造业兴盛而得名，史料中就有"遍闻机杼声"的记载。

㊸ 西施浣纱

春秋战国时期，越国有一名叫西施的浣纱美女，她在河边浣纱时，鱼儿看见她的倒影，忘记了游水，渐渐地沉到河底。从此，西施这个“沉鱼”的代称，就流传开来。唐人有诗云：“岭上千峰秀，江边细草春。今逢浣纱石，不见浣纱人。”纱是主要采用经纱扭绞方法织成网眼纱组织的丝织物，这则故事反映出当时吴越已拥有丰富的浣纱、纺丝、织造等技术。

㊹ 秦始皇

秦始皇（前259—前210），姓嬴，名政，原为战国末期秦国的国王，统一六国后，又是中国第一个封建中央集权专制政权——秦朝的创建者。自称始皇帝，因而史称秦始皇。实行郡县制，统一文字、度量衡，修筑驰道和直道，改善全国交通状况。中国丝绸自秦始皇修筑“栈道”“略通五尺道”和开凿灵渠之后，由巴蜀商人在云贵地区从陆路到达身毒国（今印度），经两广后通过海道带至南洋诸岛，从那些地方换回琉璃珠宝等服饰品。中国丝绸还运销到朝鲜、日本等地，为丰富人类的服饰文明做出卓越的贡献。

㊺ 筑长城

筑长城

长城是中国古代一项雄伟壮阔的防御建筑工程，东起山海关，西到嘉峪关，全长6700多千米。长城最早建于战国时代，是各诸侯国为相互防御及抵御北方匈奴、东胡等游牧民族的入侵而修建的。秦始皇在统一六国以后，为防御匈奴各国的袭扰，开始在原秦、赵、燕三国长城的基础之上大规模修筑长城。以后，汉、唐、宋时曾多次修筑，明朝时对长城进行了一次大规模修筑，将以往的土筑城墙改为砖石结构，前后修筑了2000多年，形成今天我们看到的长城。长城是世界十大奇迹之一。1987年，联合国教科文组织（UNESCO）把长城列入世界文化遗产名录。

㊻ 烽燧

烽燧是古代军事防御体系中以烟火报警的建筑物，也称烽火台、烟火台等，为方便士兵瞭望，每隔30里置一烽燧，是我国古代传递军事信息最快、最有效的方法。早在春秋战国时期，齐、楚、燕、赵、秦等诸侯国即已开始修筑长城。秦始皇连接原燕、赵、秦北边关口塞防，“延袤万余里”屏障华夏，汉武帝经营河西“筑城障列亭”，护卫丝绸交通，而后筑修葺之事历代不辍。至明朝，河西长城的修建达到最高峰。在我国新疆的烽燧遍布天山南北，它们与丝绸之路中道与北道走向一致，起到了保障丝绸之路畅通的重要作用。

48
47

大秦帝國
御匈奴

开灵渠

㊼ 开灵渠

灵渠，古称秦凿渠、零渠、陡河、兴安运河、湘桂运河，灵渠位于广西壮族自治区兴安县。公元前219年，秦始皇为解决南下征战军饷的运输问题而南巡来到湖南，当时做出了重大决策——开凿灵渠运粮，灵渠作为岭南与中原水路交通的重要通道，它沟通了长江和珠江两大水系，形成了南北运输的水运网，至今依然发挥着重要作用。灵渠与都江堰、郑国渠、大运河齐名，是现存世界上保存最完整的古代水利工程，也是世界上古老的运河之一。

㊽ 御匈奴

秦始皇统一中国以后，面对北方强大的游牧民族——匈奴族的不断骚扰，于公元前215年派大将蒙恬率30万大军，北上抗击匈奴，全军将士经过殊死搏斗，收复失地至河套阴山地区，沿途共设34县。为抵御匈奴的骚扰和保障内地人民安家乐业，秦始皇把过去秦、赵、燕三国修建的长城连接起来，形成了举世闻名的万里长城。

㊾ 徐福东渡

徐福（生卒年不详），秦朝方士。博学多才，通晓天文地理，精通医学。据《史记》载，徐福曾向秦始皇上书，说海上东瀛洲有长生不死的仙药，后来被秦始皇派遣出海采仙药，一去不返。徐福东渡，把中国的农耕文化与技术、中医医药学带到日本，尤其是水稻种植和铁制生产工具以及丝织品等，被日本奉为“农神”和“医神”。现今，日本还有许多专门纪念徐福的名胜之地，徐福东渡日本成为中日早期外交的重要标记。

《吕氏春秋》

50 《吕氏春秋》

《吕氏春秋》也叫《吕览》，是先秦诸子散文著作。秦相吕不韦集合门客共同编写。共26卷，分八览、六论、十二纪。其著述目的是为秦统一天下进行思想与理论准备。书中内容兼容儒、道、名、法、墨、农及阴阳各家思想。《汉书·艺文志》列其于"杂家"。书中有一些关于采桑方面的文字，如"有侁氏女子采桑，得婴儿于空桑之中，献之其君"。还有关于染丝的见解——墨子见染素丝者而叹曰："染于苍则苍，染于黄则黄，所以入者变，其色亦变，五入而以为五色矣。"故染不可不慎也。

51 汉武帝

汉武帝刘彻（前 156—前 87），西汉第七位皇帝，杰出的政治家、战略家、诗人。汉武帝时期攘夷拓土、国威远扬，东并朝鲜、南吞百越、西征大宛、北破匈奴，奠定了汉地范围。汉武帝早期对于北方强大的匈奴采取和亲政策，后为长远发展打通西域、开辟丝绸之路。汉武帝任命张骞为中郎将，先后两次出使西域，曾多次派兵西征，付出了沉重代价，打通了由长安经河西走廊到敦煌、由敦煌分南北两路到大秦（古罗马）西域各国的贸易通道，确保了这条西域通道的安全，不但促进了汉帝国经济繁盛，也影响了 2000 多年中西文明交流发展的历史进程。

漢武帝

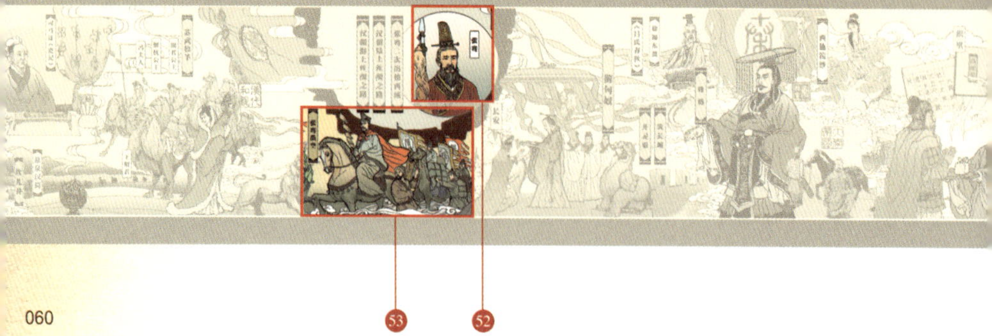

㊾ 张骞

张骞（前164—前114），字子文，汉中郡城固（今陕西城固）人。西汉时期著名的外交家、旅行家、探险家。官至博望侯。汉武帝建元年（前140年），汉武帝想联合中原北部的大月氏国来共同抗击强大的匈奴，下达诏令招募勇士，张骞应募出使。建元二年（前139年），张骞一行出使西域，当张骞出河西走廊后，即被匈奴所俘，13年后借机逃脱，经历千辛万苦回到汉朝，并向汉武帝详细报告了他在西域10多年的所见所闻。汉武帝赞其忠勇，授以“太中大夫”以表彰功绩。因张骞在西域沿途国家中建立了很高的威信，元狩四年（前119年），汉武帝再任张骞为中郎将，第二次出使西域，打通通往西域各国的道路，促进了汉朝、西域地区和欧洲文化交流和贸易往来，被誉为“丝绸之路的开拓者”。

㉝ 张骞凿空

张骞凿空

自春秋战国以来，北方的游牧民族与中原农耕文明的冲突不断，秦朝由于当时没有雄厚经济基础和军事力量，所以主要采取防御政策。至秦始皇时期，开始修筑长城，抵御北方匈奴、东胡入侵以护中原。张骞两次出使西域，不仅扩大了西汉王朝对西域各国的影响，而且建立了与西域的经济贸易往来，促进了文化交流，为后来隋唐时期丝绸之路繁荣发展奠定了良好的基础。张骞此举史称“张骞凿空”，后人正是沿着张骞的足迹，走出了誉满全球的丝绸之路。

㊺ 张骞二次出使西域

张骞第一次出使西域是在公元前139年，第二次出使西域是在公元前119年。张骞第一次出使西域是去联合大月氏国抗击匈奴，在此之前，他是皇帝身边的侍从官，没有固定职务，当汉武帝诏令招募时，张骞表现出无畏无私、甘于牺牲的精神，勇于担此重任。张骞第二次出使西域，是受汉武帝的委派，主要是增进与西域各国友好往来。张骞二次出使西域，不辱使命，敢于担当，促进了中西文明的发展，其影响十分深远，至今举世称道。

张骞二次出使西域

汉朝陆上丝绸之路

55 汉朝陆上丝绸之路

汉朝陆上丝绸之路，指古代中亚细亚的交通路线，是中国、印度、地中海三个地方的文明交流道。由德国地理学家李希霍芬命名。因公元前 2 世纪以后千余年间，大量中国丝及丝织品经由此道运去西方，故称之为丝绸之路。汉朝已形成了从长安经河西走廊到敦煌后通往西域的基本路网干道，分为北路、中路和南路三条。沿着这条丝绸之路干道，汉朝中原的丝织品、造纸、凿井以及冶铁等技术相继传入西域，同样，西域的胡瓜、胡豆、石榴、葡萄、毛皮、汗血马、葡萄酒技术和佛教文化等传入中国，见证了丝绸之路数千年的辉煌文明。

汉朝海上丝绸之路

㊻ 汉朝海上丝绸之路

汉朝海上丝绸之路是古代中国与外国交通贸易和文化交往的海上通道。因中国丝绸等通过此路大量西运，故得名。又因该路主要以南海为中心，起点为广州，故又名南海丝绸之路。汉朝海上丝绸之路的发展可追溯至秦汉时期，到了汉武帝时期，极力开辟海上交通以加强各国之间的贸易往来。在汉武帝的努力下，先后开辟南北沿海、朝鲜、日本等多条重要的航线，汉朝沿海始发港口有广东的徐闻、合浦、广州，还有福建泉州、浙江宁波等地，有专家认定徐闻是中国有史料记载以来最早的海上丝绸之路的始发港。

㊼ 和亲

和亲政策始于西汉。汉高祖接受娄敬的建议，以汉朝宗室女下嫁匈奴单于，以缓和匈奴的侵扰。匈奴分裂后，汉元帝以宫人王昭君下嫁投靠西汉的呼韩邪单于，更加强了与南匈奴的友好关系。汉武帝为了联合西域各国共同抗击匈奴，先后把细君公主和解忧公主下嫁乌孙，使乌孙在挫败匈奴的战争中起了重大作用。以上 3 种和亲方式为历代皇朝所沿袭。如隋唐时曾与突厥、回鹘、吐蕃、吐谷浑等和亲。宋朝的契丹与党项以及回鹘哈喇汗王朝（黑汗王朝）与契丹之间均曾和亲。自汉朝和亲以来直到清朝，数百名皇室宗女和亲联姻。对缓和民族矛盾、维护封建统一起了一定的作用，特别是客观上促进了历史上各民族的友好往来与经济文化交流，包括丝绸织造技术在内的手工业文明，也通过和亲带到了边疆。

58 苏武牧羊

苏武（前140—前60），字子卿，汉族，杜陵（今陕西西安）人，代郡太守苏建之子。西汉大臣。西汉天汉元年（前100年），苏武奉汉武帝之命出使匈奴，被匈奴王单于扣下，为使他早日投降，匈奴把苏武囚禁于地窖内，他始终坚贞不屈，宁死不降。后被匈奴迁至北海（今贝加尔湖）边牧放公羊，还对他说等公羊生小羊后，你才可以回归汉地，以消灭其志。始元六年（前81年），匈奴和汉朝达成和议后苏武获释回到汉朝，汉昭帝嘉奖苏武其志，官拜典属国。汉宣帝年间，苏武之子苏通国回归汉朝，同样也得到皇帝褒奖。史称“苏武牧羊”。苏武回到汉朝后，根据他对匈奴民意情况的熟悉，协助汉朝制定了通使、通关、通贸、通婚、通心等外交政策，为中原与西域间的贸易往来、文化交流奠定了重要基础，是汉朝丝绸之路重要的开拓者。

59 细君公主

乌孙公主刘细君（不详—前101），西汉宗室，江都王刘建之女，又称江都公主。元封中期（前108—前107年），乌孙昆弥猎骄靡向汉朝求婚，汉武帝即以细君为公主，远嫁乌孙，猎骄靡以她为右夫人。公主时常以汉朝名义，用金银和丝绸赏赐乌孙贵族。当时猎骄靡年老，公主又不通乌孙语言，因而悲愁，自作楚歌，抒发思乡之情。猎骄靡想按乌孙习俗，让她转嫁长孙岑陬。公主不敢如此，上书报告情况，汉武帝回报：“我想与乌孙共击匈奴，你可照乌孙习俗办事。”于是公主遵命，转嫁岑陬。生有一女，名叫少夫。不久病死。细君公主是丝绸之路上第一个远嫁西域的公主。

60 解忧公主

解忧公主（生卒年不详），西汉人，楚王刘戊的孙女。太初年间，武帝封之为公主，嫁给乌孙昆弥国王军须靡。军须靡死，从乌孙俗，嫁其弟翁归靡（号肥王），并生三男二女：长男元贵靡为乌孙昆弥；次子万年，为莎车王；三子大乐，为乌孙左大将；长女弟史，为龟兹王绛宾妻；小女素光，为若呼翎侯妻。元康二年（前64年），翁归靡死，军须靡之子泥靡代为昆弥，号狂王，解忧复嫁之，生一子鸱靡。狂王死，元贵靡继之。此后，公主孙星靡、曾孙雌栗靡，相继为乌孙大昆弥。元贵靡、鸱靡病死后，公主上书，言年老思土。甘露三年（前51年）返长安。后二年卒。解忧公主从嫁三位乌孙王，远播汉朝文化，为开通丝绸之路做出了突出的贡献。

冯夫人

61 冯夫人

冯嫽（生卒年不详），西汉著名女政治家，也是中国历史上第一位女外交家。原为解忧公主的侍女，随解忧公主远嫁乌孙昆弥军须靡，后为乌孙右大将的夫人。精明干练，熟悉史事，经常代表解忧公主出使西域诸国。西域诸国都信任和敬重她，称呼她为冯夫人。甘露二年（前52年），曾受西域都护郑吉之托，说服乌就屠退位为小昆弥；又曾充任汉朝使者，坐锦车，持旌节，册立解忧公主的长子元贵靡为大昆弥。元贵靡死，其子星靡继位，生性软弱，难以自立。这时，冯夫人正护送解忧公主回朝，暂居长安，于是上书汉宣帝，自告奋勇，愿意出使乌孙，镇抚其国，保护星靡。汉宣帝采纳她的意见，派人护送她回乌孙。后老死于乌孙国。她和解忧公主一起为开通丝绸之路做出了突出的贡献。

㊷ 王昭君

王昭君（约前 52—约 15），中国古代四大美女之一。名嫱，为避晋朝先王司马昭之讳，后人又称她为“明妃”。南郡秭归（今属湖北）人。元帝时被选入宫，一直未被宠幸。竟宁元年（前 33 年），匈奴呼韩邪单于入朝，请求和亲，王昭君自愿远嫁匈奴，被称为“宁胡阏氏”。呼韩邪单于死后，又按匈奴习俗，嫁给新立的乌珠留若鞮单于。昭君出塞和亲，对改善和增进汉朝与匈奴的关系，起过较大的作用。她的事迹多被后人写成诗词、小说、戏曲等，流传极广。昭君出塞也间接地把丝织技术传到了边疆。

司马迁《史记》

63 司马迁

司马迁（前145—前90），字子长，夏阳（今陕西韩城南）人，一说龙门（今山西河津）人，中国西汉伟大的史学家、文学家、思想家。后世尊称为史迁、太史公、历史之父。司马迁早年受学于孔安国、董仲舒，漫游各地，了解风俗，采集传闻。初任郎中，奉使西南。元封三年（前108年）任太史令，继承父业，著述历史。他以其“究天人之际，通古今之变，成一家之言”的史识创作了中国第一部纪传体通史《史记》（原名《太史公书》），被公认为是中国史书的典范。《史记》中关于汉武帝、张骞等人开辟丝绸之路的记载，是目前发现的最重要的文献之一。

64 《史记》

《史记》原名《太史公书》由西汉司马迁撰写，共130篇，是我国第一部纪传体通史。其中《史记·五帝本纪》中有关于蚩尤旗的记载："蚩尤，古天子名，善征战。古传蚩尤死后，其冢常有赤气出，如匹绛帛，民称之为蚩尤旗。"《史记·夏本纪》中有关于"桑土既蚕"的记载；《史记·匈奴列传》中有关于丝绸服饰的记载；《史记·李将军列传》中有关于汗血马的记载；《史记·货殖列传》中有"齐鲁千亩桑麻""中国人众，大秦宝众，月氏马众"等记载；《史记·大宛列传》所记亦以大宛为中心，旁及周围一些国家、部落，远至今西亚南部、南亚一些地方，也涉及中国新疆和川、滇部分地区。不仅对于丝绸之路及丝绸之路的研究具有重要史料价值，而且还是研究中国古代和中亚等地历史地理的重要文献。

66 65

⑥⑤ 坎儿井

坎儿井是古人利用地貌挖掘暗渠的引水工程，用于农作物生产和居民生活。由于施工方法简单易行，特别适合在西域干旱地区推广。我国汉朝在西域发展农业时广泛应用，并逐步流传至更远的国家。坎儿井是荒漠地区一种特殊的灌溉系统，主要集中在中国新疆吐鲁番地区。坎儿井与万里长城、京杭大运河并称为中国古代三大工程。

坎儿井

⑯ 悬泉汉简

悬泉置遗址属全国重点文物保护单位，位于甘肃省敦煌市。因出土的汉简上书“悬泉置”三字而定名。悬泉置遗址现已发掘出土的各类遗物1.7万多件，其中内涵丰富的简牍即达1.5万余枚，是继内蒙古居延遗址之后简牍出土数量最多、内容最为丰富的遗址。该遗址的科学发掘，为研究古代丝绸之路汉晋驿站的结构、形制和布局提供了极为重要的实物资料，与之相联系的大量简牍及其他各类遗物为我们了解汉朝邮驿制度及西北边郡地区的政治、经济、军事及文化生活等方面提供了新的实物资料，具有极高的历史、科学和文化价值。

悬泉汉简

翻译佛经
安世高
蔡文姬《胡笳十八拍》
法显
老普林尼《自然史》
五星出东方利中国
佉卢文
有夫甘都卢国。自夫都甘卢国船行可二月余，有黄支国，民俗略与珠厓相类……
甘英

第五部分

胡笳十八拍

《汉书·地理志》
自日南障塞徐闻、合浦船行可五月，有都元国；又船行可四月，有邑卢没国；又
伊存授经
月氏马众
大秦宝众
中国人众
汗血马
班固
卫青
霍去病
李广
班超
汉地公主

⑥⑦ 汉地公主

和亲是不同民族间的政治联姻，双方通过嫁娶公主来保持和睦相处的关系。西汉同匈奴的和亲就是早期的典范。西汉早期天下初定，士卒疲于征战难敌强大的匈奴，刘邦采用建议，对匈奴实行“绥抚政策”，以图经济早日恢复发展。以汉朝宗室女嫁给匈奴单于为阏氏，岁送一定量的絮、缯、酒、食等给匈奴；双方约为兄弟；开放“关市”，两族和睦相处，人民互通贸易。西汉时期远嫁异邦的汉地和亲公主、准公主人数经专家统计有16位。虽然她们身不由己，但在被动的境遇中却起到某种主动的作用，尽力为民族和好做出自己的贡献。汉朝和亲外交著名的有和亲乌孙的刘解忧与和亲匈奴的王昭君，其中“昭君出塞”成为天下美谈。

㊳ 中国人众，大秦宝众，月氏马众

《史记》中所称天下有三众：“中国人众，大秦宝众，月氏马众。”司马迁这段记载语言生动、准确，向人们讲述了中原人口众多的优势，大秦（罗马帝国）盛产珠宝，月氏（汉时敦煌、祁连一带）有大量的宝马，如天马、汗血马、千里驹等，客观地反映了丝绸之路上中西各国的资源特点及民族特色，具有平等的心态，没有大汉族主义思想。

69 汗血马

汗血马，也称大宛马。因其皮肤较薄，奔跑出汗时往往先潮后湿，给人以“流血”的错觉，因此被称为汗血马。汉武帝时期，在大宛国发生过两次血腥战争。最初，汉武帝派出使团，用纯金制作的一具马希望以金马换回大宛马的种马，但大宛国王爱马心切，不肯以大宛马换汉朝的金马。汉使归国途中金马在大宛国境内被劫，汉使被杀害。汉武帝大怒，命李广利率领骑兵数万人，改打大宛国，但初战不利，只好被迫撤回。三年后，汉武帝发起第二次进攻，再次命李广利率军远征，大胜而归。从此，汉朝骑兵有了“汗血马”，战斗力大增。

⑰ 李广

李广（不详—前119），陇西成纪（今甘肃秦安）人。西汉名将。善骑射。文帝时，反击匈奴有功，升为郎、武骑常侍。景帝、武帝时，任陇西、北地等郡太守。元兴元年（前134年），为卫尉。后任右北平太守，匈奴数年不敢犯界，称之为“飞将军”。元狩四年（前119年），随大将军卫青攻匈奴，以失道被责，自杀。前后与匈奴作战大小70余次，以勇敢善战著称。

⑦① 霍去病

霍去病（前140—前117），河东平阳（今山西临汾西南）人，西汉名将、军事家。其人聪颖，精于骑射。元朔六年（前123年），任侍中，率800名精骑随卫青出征匈奴，以战功过人，封冠军侯。元狩二年（前121年），任骠骑将军，率精锐骑兵长驱深入，两次大败匈奴，控制河西地区，打开了通往西域的道路。元狩四年（前119年），又和卫青共同击败匈奴主力。汉武帝因他功高，欲为他建造府第，他拒绝说："匈奴未灭，无以家为。"他前后6次出击匈奴，为保障丝绸之路的畅通奠定了基础。

⑦② 卫青

卫青（不详—前106），字仲卿，河东平阳（今山西临汾西南）人。西汉名将、军事家。初为平阳公主家奴，后为汉武帝所重用。元光六年（前129年），拜车骑将军，击匈奴，出上谷，以功封关内侯。元朔元年（前128年），出雁门，斩虏匈奴数千。元朔二年（前127年），卫青率大军出云中，大败匈奴，控制了河套地区。元朔五年（前124年），再击匈奴，大破匈奴右贤王，官至大将军，封长平侯。元狩四年（前119年），又和霍去病共同打败匈奴主力。他在汉武帝时，共先后7次击败匈奴，军功卓著，保证了丝绸之路的安定，成为一代名将。

伊存授经

⑦③ 伊存授经

伊存授经

对佛法传进中国的具体时间，说法很多，学术界大部分人认为，汉哀帝元寿元年（前2年），大月氏王使臣伊存口授《浮屠经》，当为佛教传入汉地之始，称为“伊存授经”。最早见载于《三国志·魏书·乌丸鲜卑东夷传第三十》注引鱼豢《魏略·西戎传》。

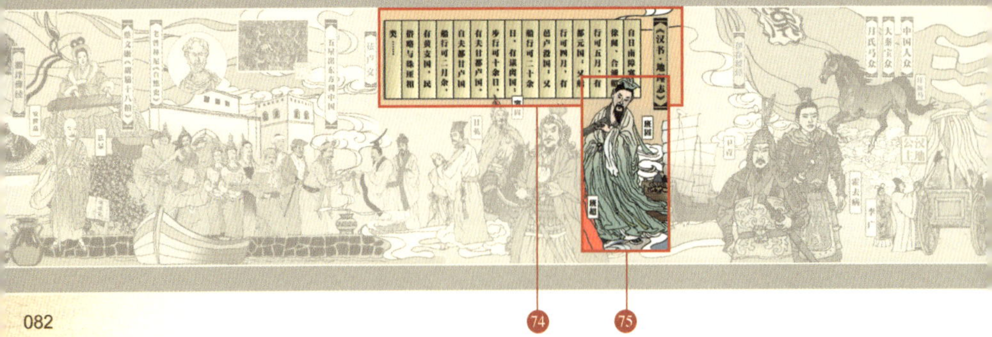

74 《汉书·地理志》

《汉书·地理志》

《汉书·地理志》是中国古代第一部疆域地理志书，为《汉书》十志之一。汉朝班固撰。按郡国记录汉朝行政区划、历史沿革、户口数字、县道、山川河流、神祠及各地区民情、物产、社会风俗等，其中也涉及不少关于丝绸文明的信息，是研究西汉历史地理的重要史料。

自日南障塞、徐闻、合浦船行可五月，有都元国；又船行可四月，有邑卢没国；又船行可二十余日，有谌离国；步行可十余日，有夫甘都卢国。自夫都甘卢国船行可二月余，有黄支国，民俗略与珠厓相类……

⑦⑤ 班固

班固（32—92），字孟坚，陕西扶风安陵（今咸阳东北）人，东汉著名史学家、文学家。班固作为史学家，除著有《汉书》外，还有《白虎通义》《典引》等40余篇，《汉书》是继《史记》之后中国古代又一部重要史书，《汉书》记载了当时大量的自然和人文地理资料，尤其集中在其中的《地理志》《沟洫志》和《西域列传》等篇目中，是研究汉朝丝绸之路西域地理的珍贵材料。

⑯ 班超

班超（32—102），字仲升，陕西扶风郡平陵县（今咸阳东北）人，东汉名将班彪少子。年轻时家境贫困，为人教书养母。永平十六年（73），班超跟从窦固出击北匈奴，后又奉命出使西域。从章和元年（87 年）到永元六年（94 年），陆续平定莎车、龟兹、焉耆等国，击退月氏的入侵，保护了西域丝绸之路的畅通。永元三年（91 年）任西域都护。后封定远侯。从此西域各国归附汉朝。他在西域达 31 年，所遣使者甘英，曾远行至条支的西海（今波斯湾）。永元十四年（102 年），年老乞归，病死洛阳。

⑰ 窦固

窦固（不详—88），字孟孙，扶风郡平陵县（今陕西咸阳西北）人，东汉将领。因娶光武帝刘秀女为妻，而被朝廷任命为黄门侍郎。永平元年（58 年），窦固迁任中郎将。永平十五年（72 年）窦固为朝廷征讨匈奴，出酒泉塞沿丝绸之路至天山击北匈奴呼衍王，班超劝说鄯善国成功归顺朝廷，得到了窦固的赞赏。为继续扩大战果，汉明帝任命班超为军司马，窦固又让班超再次出使于阗国，最终使西域 36 国再次归顺朝廷。

⑦⑧ 甘英

甘英（生卒年不详），字崇兰，东汉使者。和帝永元九年（97 年），奉西域都护班超之命，出使大秦（罗马帝国）、条支（今伊拉克境内），至西海（今波斯湾）而返。所至“皆前世所不至，《山经》所未详”，了解到异域的风土人情、物产珍宝，开阔了眼界，加强了对中亚各国的认知，为以后中西文化交流提供了条件，成为中国开辟欧亚丝绸之路的先驱。

⑲ 五星出东方利中国

汉朝蜀地织锦护臂，为国家一级文物，中国首批禁止出国（境）展览文物。被誉为20世纪中国考古学最伟大的发现之一。1995年10月，该织锦在新疆和田民丰县尼雅古墓遗址中出土，现收藏于新疆博物馆。该织锦呈圆角长方形，织有8个汉隶文字：五星出东方利中国。织造工艺十分考究，技术精湛，图案色彩绚烂，是汉朝织锦最高艺术代表作。

佉卢文

80 佉卢文

佉卢文是起源于古代犍陀罗的一种古代文字，流行于印度西北部、巴基斯坦、阿富汗一带。1994年，英国大英图书馆接受捐赠佛教贝叶经，据考证这是在阿富汗发现的公元1世纪最早用佉卢文字书写的佛经。东汉末年，佉卢文开始传入于阗、鄯善等地，是丝绸之路上重要的通商语文和佛教语文。在新疆尼雅古墓遗址出土了大量佉卢文文书，约700余件。另外，还有许多用佉卢文记载的佛经，证明了当时在丝绸之路上中西文化的交流十分活跃。

81

⑧① 老普林尼《自然史》

《自然史》又称《博物志》，古罗马的老普林尼编著。普林尼从473位前人的2000多种著作中征引了34707项条目，约于公元77年汇编成本书，计37卷，内容主要包括宇宙理论、地球知识、地理与人种史、各种动物、植物学及其应用、酿酒、丝织、榨油、药物学、矿物学以及美术的起源和实践等，其编写采取了忠实于原著的原则，多录有一些荒诞不经的传说以及各种巫术等。这部百科全书式的著作在其后好几个世纪内被连续抄印，流传很广。在整个中世纪被认为是已有的关于自然界一切知识的宝库，到16世纪它仍然是自然史研究的理论源泉，甚至18世纪的法国博物学家布丰还对其价值推崇备至。

老普林尼《自然史》

蔡文姬《胡笳十八拍》

82 蔡文姬

蔡琰（178—不详），字文姬，又字昭姬，东汉陈留郡圉县人，擅长文学、音乐、书法，是东汉大文学家蔡邕的女儿。蔡文姬墓属陕西省重点文物保护单位，位于陕西蓝田县三里镇乡蔡王庄村西北处。东汉末年，社会动荡，匈奴入侵中原，蔡文姬被掳走嫁入匈奴。曹操统一北方后，因感恩恩师蔡邕对自己的教诲，用重金将其女儿蔡琰赎回。《隋书·经籍志》著录有《蔡文姬集》一卷，但已经失传。蔡文姬的作品《悲愤诗》和《胡笳十八拍》被广为流传。

83 《胡笳十八拍》

《胡笳十八拍》，中国古代十大名曲之一。相传词曲是蔡文姬归汉后所作。《胡笳十八拍》是古乐府琴曲歌辞，内容共分为十八章，因一章为一拍，故有此十八拍之名，用宫、徵、羽三种调式。对比鲜明，层次清楚。音乐委婉悲伤，主要叙述了自己一生不幸的遭遇和思念故土、惜别幼子的痛苦、凄凉。反映的主题是“文姬归汉”，表达民族和谐、爱家爱国的真实情怀，成为流传最广的谱本。

84 安世高

安世高（生卒年不详），东汉僧人。佛经汉译的创始者。本名清，以字行。西域来华者称他为“安侯”。我国的外来宗教几乎都是通过丝绸之路传入的。安世高原为安息王太子，父殁，让国于叔，出家修道，精研阿毗昙（对《阿含经》的论述），修习禅学，游化西域各地。汉桓帝建和二年（148 年）到洛阳，至灵帝建宁中，20 余年间，译《安般守意》《阴持入》《修行道地》等 35 部，41 卷。其后历经散佚，现存 22 部，26 卷。主张用数息止观的坐禅方法，息意去欲，回复“心”之本然，为禅学在中国的最初传播者之一。

85 法显

法显（334—420），本姓龚，东晋司州平阳郡武阳（今山西襄垣县）人，一说是并州上党郡襄垣（今山西襄垣）人，东晋僧人、旅行家、翻译家。中国僧人去天竺留学的先驱。隆安三年（399年），他和同学慧景、道整等西出长安，过流沙、葱岭，遍历中、东、西、北天竺等地，又到狮子国（今斯里兰卡）、爪哇岛，于义熙八年（412年），由海道回国。行经14年，沿途经西域诸国历30余国，求得梵本佛经若干并带回。后与人合译经律论6部，24卷。其撰写的《佛国记》，为研究古代丝绸之路和中、南亚及南海地区历史、地理的重要资料。

朱应、康泰出使南海

86 朱应、康泰出使南海

朱应（生卒年不详），三国吴人，为吴从事。约在226—231年（一说245—251年）与康泰受孙吴政权派遣出使扶南（今柬埔寨）等国，南宣国化，经历和传闻的有100多个国家，促进了中国与东南亚和印度等各国的往来。回国后，朱应写下了《扶南异物志》一卷，记述他出使扶南等国的见闻，《隋书·经籍志》《旧唐书·经籍志》《新唐书·艺文志》等有著录，今已失传。康泰（生卒年不详）著《吴时外国传》（一作《吴时外国志》或《扶南记》《扶南传》），已亡佚。《水经注》《艺文类聚》《梁书》《通典》《太平御览》诸书有所征引，是研究中国和南海诸国早期经济文化交流的重要文献。

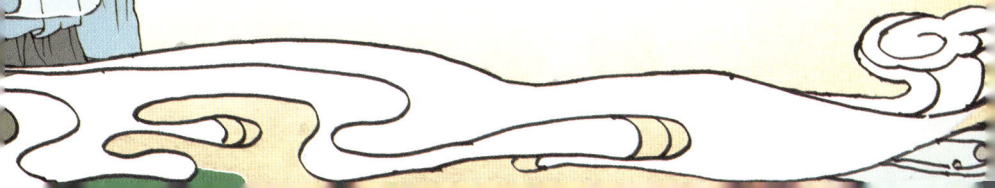

織
綉
紡
染
锦署
织署
司染署
裴矩
《西域图记》
《西蕃记》

第六部分

昭武融九姓

隋唐丝
隋炀帝开凿大运河
康居
安息
贵霜
天竺
绢马贸易
《魏书》
祆教传入中国
洛阳丝绸市场
《齐民要术》
《洛阳伽蓝记》
鸠摩罗什
克孜尔石窟
魏晋时期
蚕种外传

⑰ 昭武九姓

昭武九姓是隋唐时对中亚阿姆河、锡尔河流域（今中亚地区）九姓政权的总称。据《新唐书·西域传下》记载，九姓为康、安、曹、石、米、何、火寻、戊地、史。他们处在古丝绸之路上，世代善于经商。康国旧居祁连山北之昭武城（今甘肃临泽北），其王本温姓，月氏人，汉康居之后裔，为匈奴所破，移居于此。其支庶分王各地，并以昭武为姓，故谓昭武九姓。其俗信祆教，杂以佛教。居民以农业为主，兼营畜牧，并善经商。与隋唐关系密切。永徽年间内附，唐以其地置康居、大宛二都督府及南谧、佉沙、贵霜、安息、木鹿五州，以其王任都督、刺史，隶安西都护府。后被大食征服。

蚕种外传

88 蚕种外传

西方的罗马帝国和东方的秦汉帝国国势都非常强盛，但由于交通的阻隔使他们互相不了解。所以罗马人对中国丝的产生提出很多奇怪的解释。而中国养蚕制丝技术是如何传入西方的也充满了神秘的色彩，并带有传奇的经历。从目前史料归纳来看，主要有三种传说：一是公主神帽说（东方国家的公主远嫁于阗时，将禁止出关的蚕桑种子藏于帽内）；二是商人魔杖说（波斯人将禁止出关的蚕桑种子藏于杖中）；三是僧侣传授说（印度僧人将蚕种子带至东罗马）。

鸠摩罗什

89 鸠摩罗什

鸠摩罗什（344—413），祖籍天竺，混血，出生于西域龟兹国（今新疆库车），十六国时后秦高僧。与真谛、玄奘并称中国佛教三大翻译家。幼年出家，初学小乘，后习大乘，尤善般若，并精通汉族语文，曾沿丝绸之路弘化佛法。后秦弘始三年（401 年），姚兴派人迎他到长安（今陕西西安），他与弟子僧肇等 800 余人，用意译方法，译出《摩诃般若》《法华》《维摩》《阿弥陀》《金刚》等经及《中》《百》《十二门》和《大智度》等论，共 74 部 384 卷。他介绍中观派学说，为后世三论宗的渊源。成实师、天台宗都本于他所译之经。著名弟子有道生、僧肇、道融、僧叡，时称“四圣”。鸠摩罗什不仅是佛典翻译的巨匠，他还是开创民族团结的先驱，是文化交流的使者。鸠摩罗什寺已有 1600 多年的历史，位于甘肃省武威市凉州区，是其传奇一生开始和结束的地方。

⑨⓪ 克孜尔石窟

克孜尔石窟位于新疆拜城县克孜尔乡东南约8000米的明屋达格（维语：千佛山）的绝壁悬崖下。克孜尔石窟的开凿年代大约在公元3世纪，衰微于8—9世纪。经过1000多年的自然侵蚀、人为破坏，石窟面貌已是千疮百孔。特别是在19世纪末、20世纪初考古学兴起，个别洞窟被盗割一空，剩余壁画也残破不全。20世纪80年代，我国组织石窟保护研究专家，对克孜尔石窟进行细致的科学勘察、测绘和实验，投入大量人力物力对克孜尔石窟进行基础的维修、加固。2014年6月22日，克孜尔石窟被列入丝绸之路世界遗产名录。

91 《洛阳伽蓝记》

《洛阳伽蓝记》由北魏杨衒之（或作阳衒之）撰。5 卷。本书主要记述北魏京城洛阳佛寺园林的兴废沿革，先叙城内，再叙城东、城南、城西、城北，各为一卷。共记寺庙 55 所。此书虽为寺庙而作，但涉及内容颇广，凡政治、人物、风俗、地理及掌故传闻等无不详载，其中许多资料可补《魏书》《北史》之缺失。从《洛阳伽蓝记》中可以看到，北魏定都洛阳后，洛阳经济迅速发展，丝绸业再次兴盛，书中记载了当时丝绸之路上来往的商贩的繁盛情况：“自葱以西，直到罗马，百国千城，莫不款附。商胡贩客，日奔塞下。”

《齐民要术》

92 《齐民要术》

《齐民要术》由北魏贾思勰撰。成书年代在 533—544 年。分 10 卷 92 篇，分别论述各种农作物、蔬菜、果树、竹木栽培及家禽、牲畜的饲养，农产品的加工和副业等。较系统地总结了当时黄河中下游地区的农业生产经验。所记旱农地区的耕作和谷物栽培技术、果树的嫁接、繁殖技术、家禽饲养、丝织等经验，都显示出当时我国农业生产水平已相当高，这是我国完整保存至今最早的古农书。

⑨③ 洛阳丝绸市场

隋朝时东都洛阳所设东、南、北三市。东市名丰都市，周八里，通门十二，居二坊之地。内有一百二十行，三千余家店肆，四壁有四百余店，货贿山积。南市曰大同市，凡周四里，市开四门，邸一百四十一区，资货六十六行。北市曰通远市，周六里，市南临雒水，热闹非常。大业年间（605—618 年），隋炀帝在洛阳大会西域各国。西域诸国入洛阳贡献、贸易，入丰都之市与民交易。又命都下大戏，令三市店肆皆设帷帐，盛列酒食，遣掌蕃率蛮夷与民贸易，所至之处，悉令邀延就座，醉饱而散。由此也可见隋朝洛阳丝绸贸易之兴盛。

洛阳丝绸市场

祆教传入中国

94 祆教传入中国

祆教即波斯的古老宗教“索罗亚斯德教”，又名拜火教。创始人为波斯人索罗亚斯德，其仪式以拜火为特点，崇敬天、地、水、火、日、月；以农业为神圣职业，信徒必须亲自从事耕耘。波斯阿契米尼亚王朝时，此教被尊为国教，公元前331年，亚历山大东征时，遭到沉重打击。公元3世纪后又再度复兴，成为波斯萨珊王朝的国教，并且传播到中亚各地。北魏时，从今塔里木盆地沿丝绸之路传入中国内地。唐朝时来华传教的祆教师更多，于是，唐高祖曾于武德四年（621年）在首都“置祆祠及官”，官名“萨宝”，视正五品，此后，两京、河南、凉州等地普遍建立祆祠，祆教成了唐朝人的重要宗教信仰之一。

⑮《魏书》

《魏书》，纪传体断代史书。北齐魏收撰。130卷。其中本纪14卷，列传96卷，志20卷。书初成于北齐天保五年（554年）。起自拓跋珪建国（386年），迄于东魏孝静帝（550年），记165年北魏史事。以东魏、北齐为正统，而贬斥西魏君臣。人物传往往记家世与族人，推崇世家大族、天象、地形、律历、礼乐、食货、刑罚、灵徵、官氏、释老等十志，颇有史料价值。由于魏收身居高位、持才傲物，在写史时不能公平待人，得罪了不少贵族势力。所以，本书问世后，有“秽史”之称，后人对此曾作考证。今有中华书局校点本。书中还详细记载了丝绸之路的具体路线。

⑯ 绢马贸易

绢马贸易，指自汉唐以来中国与西域诸国、北方草原民族以丝绸交易马羊畜产的实物贸易。分为贡赐和互市两种主要形式。贡赐指西域和草原民族以朝贡的形式向中国输马，而中国则“计价酬答”。如《隋书·突厥传》记载：“启明及义成公主来朝行宫，前后献马三千匹。帝大悦，赐物万二段。”互市是在边郡指定地方进行的实物贸易，一般需限定数量，限定每年进行的次数，并事先约定。如《旧唐书·突厥传》记载：“毗伽可汗以开元四年（716 年）即位……使其大臣梅录啜来朝，献名马三十匹……仍许于朔方军西受降城为互市之所，每年赍缣帛数十万匹就边以遣之。”

97 贵霜

贵霜，西域古国名。大月氏西迁大夏后百余年，其贵霜翎侯丘就却灭其余四翎侯，自立为王，国号贵霜。并征服安息、高附、濮达、罽宾、天竺等国。此中亚古国约兴起于公元1世纪上半叶。约2世纪初叶，迦腻色迦王在位，国势鼎盛，崇尚佛法，境内有著名的犍陀罗雕刻，对外发展与中国、罗马帝国的贸易往来。版图曾西至中亚卡拉沙漠，东接拉达克，北达泽拉夫善山脉，南抵印度文迪亚山脉。首都为布路沙布罗（今巴基斯坦白沙瓦）。3世纪后王国分裂。5世纪时亡于𠿕哒。贵霜帝国是丝绸之路的重要古国，至今在其址中还发现有大量来自黄河流域的丝绸织锦。

98 安息

安息，亚洲西部古国，位于伊朗高原东北部，曾是波斯属地，后为塞琉古国的一个省。公元前3世纪中叶，来自中亚的游牧部落在阿尔萨息的领导下起义，杀死塞琉古总督，建阿尔萨息王朝。我国音译为安息，西方称为帕提亚。公元前1—2世纪为西亚大国，扼东西交通的要冲，曾与中国汉朝友好往来，而与西方的罗马发生多次战争，抗击罗马东侵，保证了横贯东西长达7000余千米的丝绸之路的畅通和东西方经济文化的交流。公元2世纪末国势转衰，226年被萨珊波斯所取代。

99 天竺

天竺是古代中国以及其他东亚国家对当今印度和巴基斯坦等南亚国家的统称。《史记·大宛列传》记载：“（大夏）东南有身毒国。”《汉书》记载：“从东南身毒国，可数千里，得蜀贾人市。”《后汉书·西域传》记载：“天竺国一名身毒”。《大唐西域记·印度总述》记载：“详夫天竺之称，异议纠纷，旧云身毒，或曰贤豆，今从正音，宜云印度。”唐初统称为天竺，隋唐时期通过丝绸之路的天竺僧人和中原西行取经求法者络绎不绝，佛教文化交流盛况空前。

100 康居

康居，古西域国名，在安息东北方、大月氏北方，与乌孙、奄蔡、大月氏、大宛为邻，约在今巴尔喀什湖和咸海之间，王都卑阗城。南部是农业区，城市较多，有五小王分治。南部康居与大月氏同是突厥系的游牧民族。自锡尔河下游，至吉尔吉斯平原，是康居疆域的中心地带。北部是游牧区。张骞第一次西使返回前，汉朝人已经知道西方有康居国。康居是最早与汉朝建立联系的西域诸国之一。

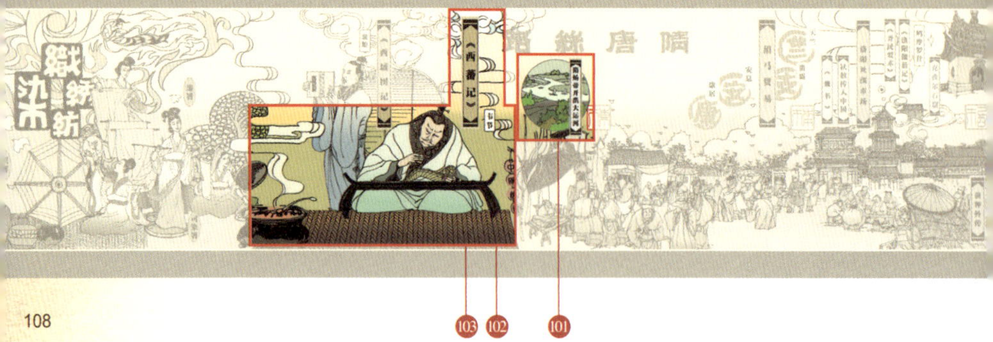

101 隋炀帝开凿大运河

隋炀帝时为了加强南北的交通，巩固隋朝对全国的统治，于大业元年（605 年）下令开凿一条贯通南北的运河。这条运河全长2000多千米，它连接了海河、黄河、淮河、长江和钱塘江五大水系，经过河北、山东、河南、安徽、江苏和浙江的广大地区，分为永济渠、通济渠、邗沟和江南河四段。以洛阳为中心，东北达涿郡（今北京），东南到余杭（今浙江杭州），成为南北交通的大动脉，对南北经济的交流起了很大的作用，南方大量的农产品、丝织品也借此运往北方。

⑩② 韦节

韦节（生卒年不详），隋炀帝时任侍御史，与司隶从事杜行满一同沿丝绸之路出使西域诸国。至罽宾（今阿富汗加兹尼一带）得玛瑙杯；至王舍城（今印度北部比哈尔州西南之拉杰吉尔）得佛经；至史国（今撒马尔罕南沙赫里夏勃兹）得十位舞女、狮子皮、火鼠毛而还。回国后著有《西蕃记》，今佚。《通典》卷193录其文。事见《隋书》卷83《西域传》。

⑩③《西蕃记》

《西蕃记》由韦节回国后撰写，该书已失传。书中主要记录韦节与西域的联系和交往的所见所闻，中原地区与西域长期隔绝状态被打破，为当时隋王朝了解西域丝路沿途国家的地理、物产、社会、人口、传统风俗等提供帮助，同时也为隋朝开拓西域疆域、增进中西贸易，扩大与西域诸国的民间往来贸易活动等提供决策支持。到了隋朝中后期，张掖和洛阳已成为西域诸国与内地客商互通互换的贸易中心。

隋唐絲路
104
105

《西域图记》
裴矩

104 裴矩

裴矩（547—627），本名世矩，字弘大，河东闻喜（今属山西）人，隋唐时期著名政治家、外交家、战略家、地理学家。裴矩自幼丧父，勤奋好学，文章华美，深得隋文帝杨坚器重。隋炀帝杨广时期，他是制定对突厥等少数民族政策的主要人物之一，在隋朝统一西域的大业中起到了重要作用。他用离间计分裂了突厥，使之内耗，削弱其实力，减轻了对中原的威胁，为日后唐朝战胜突厥埋下伏笔。他还致力于中西商贸和文化交流，使西域40国臣服朝贡于隋朝，拓疆数千里，史称“交通中西，功比张骞”。曾编写《西域图记》3卷，记载西域44国的地理资料。

105 《西域图记》

隋炀帝大业年间（605—606年），裴矩被任为西域校尉，长驻张掖（今甘肃张掖），掌管接待外国使者和互市。裴矩亲向西域的使者和商人采访各国各族的山川、道里、风俗、物产等，将其中44国的情况编成此书，提供了详细的资料并配有插图，故名《西域图记》。原书已经失传，其主要内容则被采入《隋书·西域传》中，该书的《序》则大多保存于《隋书·裴矩传》中。这是隋朝记述西域情况的唯一史籍，对研究丝绸之路中段北道的历史具有重要意义。

107 106 108

106 锦署

织锦作为丝绸产品中不可分割、最为精彩的部分，曾随着丝绸之路走遍全球四大洲，至今影响尚存。早在东晋时，官府就专门设立管理机构——锦署，到了汉朝设有织室、锦署，专门管理织造织锦，供宫廷使用。自汉武帝时期“张骞凿空”后，丝织品曾作为货币流通，交流十分活跃，隋唐时期已成为官府主要税赋之一。隋炀帝大业三年（607 年），诏令锦署与司织署合并为织染署，可见当时朝廷对丝织产品的重视程度。

107 织署

织署，亦称织造署。早在隋唐时期就设有织署，明朝于南京、杭州、苏州各置提督织造太监一人，均由宦官充任。掌织造御用龙衣。清朝沿置，江宁、杭州、苏州三处各设织造监督一人。简称织造。不用宦官，例以内务府司员简派。所属有司库一人，笔帖式二人，库使二人。光绪三十年（1904 年），省江宁一人。清制，织造官为钦差，与地方长官平行，权势大于明朝，不仅管理织务、机户、征收机税等，亦兼理采办及皇帝交办的其他事务，且监察地方，成为皇帝派驻江南要地的耳目。可专折奏事，行文中称织造部堂。

⑩⑧ 司染署

司染署在隋唐朝时期设有“染院”，专司丝绸面料染色工作。对官员官服规定严格，三品以上穿紫色，四品、五品穿红色，六品、七品穿绿色，七品以下穿青色。这些色彩的服装专供官方使用，黎民百姓不可使用。皇帝使用黄色服装，也是始于隋唐朝，其黄色是以黄栌染成。黄色于五行中象征中央，而中央对中国人而言是最尊贵的位置，以后遂变成了皇帝的专用色彩。

日本遣唐使
林邑
鉴真东渡
《入唐求法巡礼记》
圆仁
李珣
伊斯兰教传入
摩尼教传入
粟特人来华
葡萄酒
《胡旋女》
一丈毯，千两丝
造纸术西传大食国

第七部分

参天可汗道

采桑绿水边
玄奘《大唐西域记》
景教传入
文成公主
吐蕃
贞观二十二年
六府七州
瀚海府 金微府 燕然府
幽陵府 龟林府 卢山府
皋兰州 高阙州 鸡鹿州
鸡田州 榆溪州 蹛林州
寘颜州
唐太宗
参天可汗道
永昌道
吐蕃道
西域道

109 李世民

李世民（598—649），祖籍陇西成纪，即唐太宗。唐朝皇帝、政治家、军事家。李渊次子。626—649年在位。隋大业十三年（617年）随其父起兵反隋，征服四方，成统一之业。李渊称帝后，任尚书令，封秦王。屡为主将统兵，曾击败窦建德、刘黑闼等起义军，消灭薛仁果、王世充等割据势力。武德九年（626年），发动玄武门之变，得为太子，并受高祖传位为帝，次年改年号为贞观。在位期间，修《氏族志》，规定凭官爵高低定等级，发展科举制度，起用房玄龄、杜如晦为相，地方官吏实行考核。推行均田制、租庸调法和府兵制度。兴修水利，发展经济。贞观四年（630年），击败东突厥，在其领地建立行政机构，任用突厥族人为都督等官。后被铁勒、回纥等族首领尊为天可汗。贞观十四年（640年），削平高昌割据势力，发展丝绸之路的交通，促进贸易和文化交流，一度出现“贞观之治”。晚年连年用兵，营建宫室，赋役日益苛重。

六府七州

瀚海府　金微府　燕然府
幽陵府　龟林府　卢山府
皋兰州　高阙州　鸡鹿州
鸡田州　榆溪州　蹛林州
寘颜州

⑩ 六府七州

贞观二十一年（647年），唐太宗扫平大漠南北，共置六府七州，又设燕然都护府以统领六府七州。六府指瀚海府、幽陵府、金微府、燕然府、卢山府、龟林府；七州指榆溪州、皋兰州、蹛林州、高阙州、鸡田州、鸡鹿州、寘颜州。管辖范围在阴山之麓（今内蒙古杭锦后旗），辖境东到大兴安岭、西到阿尔泰山、南到戈壁、北到贝加尔湖遍及整个蒙古高原。不久，又开辟了“参天可汗道”，沿途设置了68个驿所，有力地保证了“丝绸之路”漠北通往长安的交通要道的安全。

⑪ 参天可汗道

唐贞观二十年（646 年），唐太宗平定漠北后，北方游牧民族首领为加强与唐朝的联系，提议开通由漠北通往长安的交通要道，史书称“参天可汗道”。它的出现与隋唐时期西北民族关系密切相关，东罗马帝国、大食也陆续派使节至长安与中国相通。阳关、敦煌、玉门这些地方，成为当时的“陆上海市”。参天可汗道在唐朝乃至后世的民族关系史上的意义深远，它既维护了北方边疆的稳定，而且也加强了漠北地区与中央的联系，促进了北方游牧民族与中原汉族的经济文化交流，民族融合得以加速，对统一多民族国家和中华民族的最终形成具有一定的积极作用。

永昌道

⑫ 永昌道

永昌道是“蜀身毒道”的重要组成部分，也是在中国境内的最西段。从西汉武帝至东汉初，中央王朝一直在全力打通和控制永昌道，永昌郡成为蜀身毒道的要冲。经永昌出缅甸，再经缅甸东北丛林到达印度。这是我国最早与国外陆路往来的古道之一，人们习称“南方陆上丝绸之路”。其中，从洱海地区西进，沿博南山道，至语唐，再经由滇越（今腾冲）出缅甸，这就是永昌道。近代在腾冲县西的宝峰山下核桃园的荒冢中曾发现汉朝五铢钱千余枚，还有来自印度、缅甸的珍奇珠玉，均属于永昌道的遗物。

⑬ 吐蕃道

从吐蕃的逻些（今拉萨）到唐朝的长安。从吐蕃本土逻些出发，经墨竹工卡、澎波进入青海玉树，沿乌苏大道北上过赤岭（今青海日月山），经鄯州（今青海乐都县）、金城（今兰州市）到达长安；或由吐蕃本土进入玛曲(黄河源及九曲黄河地区)，经河州(今甘肃临夏县）、洮州（今甘肃临潭）到达长安。以上唐蕃古道，在吐蕃未统一以前，已由羊同(象雄)、苏毗、党项、吐谷浑等族部，先后与中原的隋朝等政权建立联系时开通，到了公元7世纪以后，吐蕃与唐朝的使臣相互报聘，皆取此道。使者不绝于途，由此而得到了发展和定型。

⑭ 西域道

唐贞观十四年（640 年）唐太宗派遣侯君集平定于高昌，于西州交河城设置安西都护府，统领西域内附诸族。武则天长安二年（702 年），于庭州置北庭都护府替代了金山都护府。景云二年（711 年）北庭升格为大都护府，和安西大都护府并列，而安西大都护府只领于阗、疏勒、龟兹、焉耆四镇，管辖天山以南、塔里木盆地和葱岭以西诸部：北庭大都护府镇抚天山以北，巴尔喀什湖以南，远至两河流域的西突厥十姓诸部落及各蕃国，仍统漾池、昆陵两个都护府，唐朝在西部边陲的统治体制基本确立下来。唐朝西域的开拓，其中最主要的是保证了西域丝绸之路的畅通和安全，对中西交通方面的发展意义深远。

⑮ 文成公主

文成公主(625—680),唐王朝宗室女。贞观八年(634年),吐蕃赞普松赞干布嗣位,派使向唐朝求婚。贞观十五年(641年)唐太宗派人护送文成公主入吐蕃同他结婚。松赞干布亲自到柏海迎接。文成公主入藏时,带来了精致的手工业品、蔬菜种子,还有生产技术、医药等方面的书籍以及许多擅长制碾磨、造纸墨、酿酒、织造的工匠,使汉族发达的生产技术及文化大量传入西藏,对促进吐蕃社会经济文化发展,加深藏汉人民的友好联系做出了重要贡献。

⑯ 景教传入

景教传入

景教指唐朝传入中国的基督教聂斯脱利派。流行于波斯。其特点是不拜圣母。贞观九年(635年),该教教士阿罗本自波斯沿丝绸之路来到长安,贞观十二年,唐太宗令在长安置波斯寺一所,后向其他各地发展。景教徒夸耀其时景教的盛况为"法流十道""寺满百城"。寺院先称波斯寺,后称大秦寺。德宗建中二年(781年)立"大秦景教流行中国碑"于盩厔。武宗于会昌五年(845年)下诏禁止佛教流行,该教也遭波及,未几在中原地区中断。

文成公主

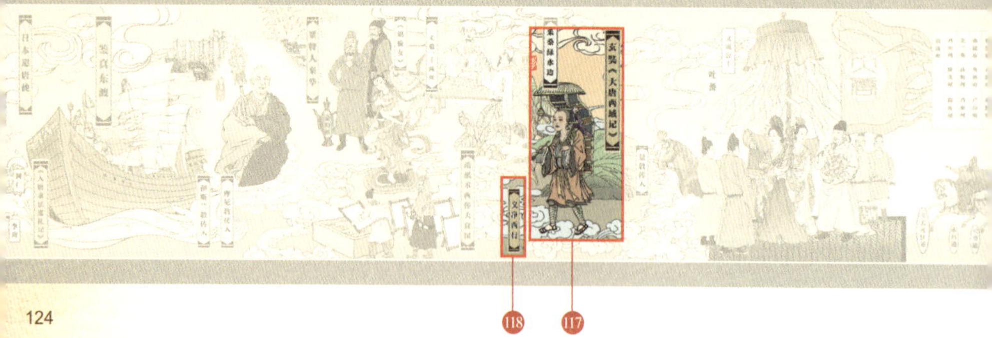

⑪⑦ 玄奘《大唐西域记》

玄奘《大唐西域记》

玄奘（602—664），洛州缑氏（今河南偃师）人，唐朝著名高僧，佛教翻译家。他不顾艰难困苦，万里迢迢西行五万里去天竺寻求佛法，搜集到大量的佛教典籍，玄奘及其弟子共译出佛典75部，1335卷。玄奘口述，辩机撰写的《大唐西域记》12卷，叙述了138个城邦、地区、国家的情况，其内容包括山川、物产、气候、城邑、道路、风俗民情、宗教文化、政治以及丝织文明在内的各种经济。玄奘以其爱国、护持佛法的精神和巨大贡献，被誉为“中华民族的脊梁”，在国际上被誉为中外文化交流的杰出使者。

118 义净西行

义净（635—713），河北涿县人，一说齐州（山东历城）人，俗姓张，字文明。唐朝译经僧。义净法师是我国唐朝著名高僧，佛经翻译家之一。“观夫自古神州之地，轻生殉法之宾，显法师则创辟新途，奘法师乃中开王路”，这是义净对法显、玄奘功绩的评价。义净法师出家之后，瞩目于经典的传译，效仿法显、玄奘西行求法到达印度诸国，回国时带回三藏典籍400多部，50万颂佛经。除了在佛学、翻译方面的卓越贡献外，义净在各国研究地理、历史、外交方面也很有成就。他于归国途中逗留室利佛逝时，著有《大唐西域求法高僧传》《南海寄归内法传》等书，保存了大量有关印度人文地理等方面的珍贵史料，为后世研究古代中印历史文化提供了翔实的资料。

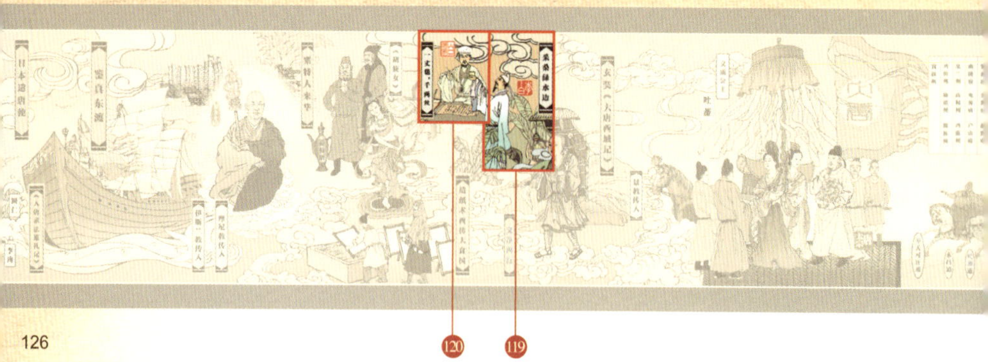
120
119

一丈毯，千两丝
白居易
李白
采桑绿水边

⑲ 采桑绿水边

“采桑绿水边”出自唐朝诗人李白的《子夜吴歌·春歌》。全诗为：“秦地罗敷女，采桑绿水边。素手青条上，红妆白日鲜。蚕饥妾欲去，五马莫留连。”罗敷撰写的《陌上桑》中有载，秦氏，邯郸人，有女曰罗敷，为邑人千乘王仁妻。王仁后为赵王家令。罗敷出采桑于陌上，赵王登台见而悦之，因置酒欲夺焉。罗敷巧弹筝，乃作《陌上桑》之歌以自明，赵王乃止。

⑳ 一丈毯，千两丝

“一丈毯，千两丝”语出《红线毯》，是唐朝诗人白居易创作的《新乐府》诗中的一首。该诗通过宣州进贡红线毯之事，对宣州太守一类官员讨好皇帝的行为进行讥讽，并着重暴露出最高统治者为自己荒淫享乐，浪费人力物力的罪恶。结尾两句“宣州太守知不知？一丈毯，千两丝！地不知寒人要暖，少夺人衣作地衣！”从中可以清楚看出浪费那么多的丝和劳力去织地毯，势必让许多人穿不上衣服。作者在诗中对这种现象直接进行谴责，感情非常强烈。

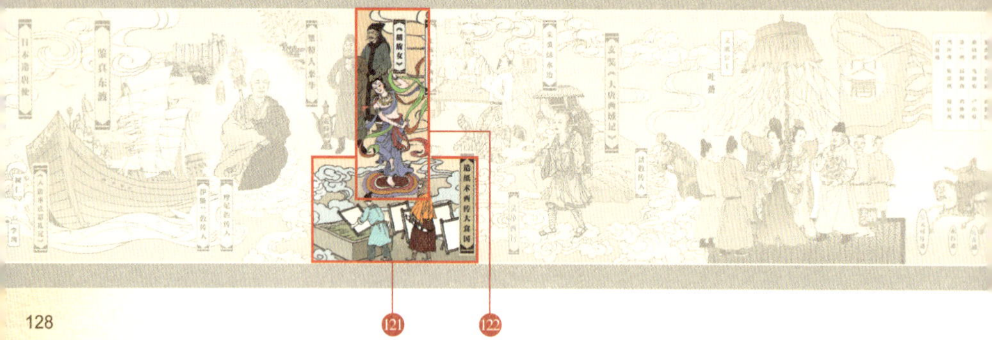

⑫ 造纸术西传大食国

造纸术西传大食国

造纸术，我国古代四大发明之一。最早出现于西汉，东汉时经蔡伦改进，进入实用阶段，引起书写材料的变革。751 年，唐玄宗派高仙芝率军从安西（今新疆库车）出发，沿丝绸之路翻葱岭、越沙漠，在中亚名城怛罗斯城下与阿拉伯军队激战，唐军溃败，共计 1 万余名唐兵成为战俘，其中包括很多会造纸的工匠。以后不久外部世界的首个造纸作坊在撒马尔罕（今乌兹别克斯坦塔什干附近）出现。此时距大食第三任哈里发奥斯曼派遣第一个遣唐使来华已过去一个多世纪的时间。巴格达亦出现了造纸作坊与纸张经销商，并逐渐扩展到大马士革、开罗、摩洛哥与西班牙的一些城市。从此，纸成为世界通用的文字传播材料。在 18 世纪以前，中国的造纸技术一直居于世界领先地位。

122《胡旋女》

《胡旋女》，唐朝白居易新乐府之一。作者从元和四年（809 年）开始，作新乐府 50 首，此为其中之一。胡旋女，表演胡旋舞的女艺人。诗从描述胡旋女的表演开始：“左旋右转不知疲，千匝万周无已时。”曲终谢天子，天子微启齿。但是，这些沿丝绸之路来自西域康居国的胡旋女，“徒劳东来万里余”。因为，“中原自有胡旋者，斗妙争能尔不如”。特别是安禄山和杨贵妃，“二人最道能胡旋”。“禄山胡旋迷君眼”“贵妃胡旋惑君心”，导致安史之乱。作者借此以“悟明主”，要君主警惕安禄山、杨贵妃这样“迷君眼”“惑君心”的人物。

124 123

⑫③ 粟特人来华

粟特，中亚古代民族的名称，汉唐迁居我国西北地区的人数不少，因此，也是我国古代西北民族的名称，我国的史书或者又译为粟弋、属繇、修利、窣利、苏哩、速利等。早在东汉时期，大批粟特商人和佛教徒前来塔里木盆地，前往内地经商和传教。南北朝时期，迁居天山南北和内地的粟特商人更多。粟特商人在突厥和塔里木盆地各国还掌握了政治、经济、军事大权。在唐朝，粟特商人也有很高的政治地位和经济地位。魏晋南北朝隋唐时期，沿丝绸之路西从疏勒，中经吐鲁番、敦煌、凉州，东至长安、洛阳，处处都有粟特人的经商根据地和居民点。粟特人不但自身有较高的文化，而且善于吸收和传授其他民族的文化。他们不断向天山南北和内地经商和移民，大大促进了中国和西方的经济、文化交流，他们对新疆的开发和发展、中国经济的发展和文化的繁荣做出过很大贡献。塔里木盆地的粟特人大多融合于维吾尔族中，内地的粟特人大多融合于汉族中，少数融合于回族和撒拉族中。

⑫④ 摩尼教传入

摩尼教，旧译亦作末尼教、牟尼教或明教、明尊教。波斯人摩尼在公元3世纪创立的世界性宗教。它吸收袄教、基督教、聂斯托利教派以及佛教的一些思想材料而创立自己的教义。它宣传善恶二元论，以光明与黑暗为善与恶的本原，崇拜光明，反对黑暗。摩尼教创立后传播迅速，摩尼死后，即传至北非、南欧与亚洲的一些国家。6—7世纪沿丝绸之路传入中国，唐朝武则天延载元年（694年）正式被朝廷所承认，代宗大历三年（768年）起于长安、洛阳、太原和荆、扬、洪、越等地敕建摩尼寺。武宗会昌三年（843年）下令敕禁摩尼教，摩尼寺财产多被没收，摩尼教传教师遭驱逐，此后秘密流传于民间，并混杂了道教等宗教的内容和形式。曾被一些农民起义所利用，如宋朝的方腊起义和元末韩山童起义等。至明初，由于明太祖嫌其教义上逼国号，摈其徒，毁其寺，摩尼教从此一蹶不振。但此后的秘密结社——白莲教、白云教，都是在摩尼教影响下产生的。

摩尼教传入

⑫⑤ 伊斯兰教传入

伊斯兰教，世界三大宗教之一。7世纪初产生于阿拉伯半岛。创始人穆罕默德。他宣称宇宙只有一个“真主”安拉，此外别无神灵。穆罕默德自称是“真主”的使者、信徒的先知。他主张教徒不分部落、民族都是兄弟。伊斯兰教传入中国，主要是通过商业交往，从波斯经阿富汗传到新疆天山南北，又经丝绸之路从青海、甘肃、陕西传入关内河南等地，可以说，是沿着丝绸之路传入的。伊斯兰教传入黄河流域，还同中国与大食（波斯）的军事接触有关。如8世纪中叶，唐朝为平安史之乱，曾向大食借兵，这些信奉伊斯兰教的官兵平乱之后，有不少留在了中国。元明时期对伊斯兰教徒采取怀柔政策，穆斯林商人大批到黄河流域经商、定居，使伊斯兰教在黄河流域得以广泛传播。

126 鉴真东渡

鉴真东渡

鉴真（688—763），俗姓淳士，广陵江阳（今江苏扬州）人，唐高僧。对律宗有很深的研究，在扬州大明寺讲律传戒。天宝元年（742年）应日本高僧荣睿等邀请，东渡日本，传播佛学。在11年的时间里，他历尽艰险，曾六次东渡，但前五次因遇风、触礁及其他原因，未能成功。特别是第五次东渡时，遇风漂泊南方，“频经炎热”而双目失明。但他不屈不挠，终于在天宝十二年（753年）第六次东渡时，成功到达日本九州。这时，他已年近七旬。翌年，在奈良东大寺筑坛传戒。759年，他又和弟子创建唐招提寺，并将中国传统的建筑、丝织、雕塑及医药学等方面的知识介绍到日本，对中日两国文化交流做出了杰出的贡献。鉴真的弟子思托为他撰写的《唐大和上东征传》生动地记录了当时的情况。

128 127

⑫⑦ 日本遣唐使

630—894年，日本共计任命过19次遣唐使，其中一次是迎接上一次的遣唐使回国，有3次是伴送唐朝派往日本的使者返唐，有2次在任命后未能成行。遣唐使的规模，开始每次是100人左右，后来逐渐增至500—600人，使团实际上是包括政治、经济、文化、技工等各领域人士的庞大的考察团。官员有大使、副使、录事等，此外有留学生、学问僧、医生、译员、商人以及包含丝织匠在内的各种工匠。较大的使团通常过海分乘船舶前来，故而在日本诗歌中遣唐使的船队常被称为“四舶”。遣唐使受到中国的欢迎和礼遇，常得到中国皇帝的接见。返国时，唐朝也往往命使节进行回访。遣唐使促进了两国人民的友好交流和文化往来。

日本遣唐使

⑫⑧ 圆仁《入唐求法巡礼记》

圆仁（793—864），日本佛教天台宗山门派创始人，延历寺第三世座主。俗姓壬生。下野国（今栃木县）人。《入唐求法巡礼记》简称《入唐巡礼记》《巡礼记》《五台山巡礼记》《巡礼行记》《求法行记》《入唐记》等，圆仁著。内容为圆仁入唐求法九年（838—847 年）的日记。共 4 卷。该书分别记述了唐朝都市政治经济、风俗人事、佛教、中国大陆沿海的地理和江苏、安徽、山东、河北、山西、陕西、河南七省的见闻。是研究唐朝佛教及政治、制度、交通、地理、民俗、艺术和中日交往的重要资料。其中还有涉及丝织文明的内容。它与玄奘的《大唐西域记》、马可·波罗的《游记》并称为“世界三大旅行记”。

⑫⑨ 李珣

李珣

李珣，字德润，出生于四川梓州（今属四川），祖籍波斯，为丝绸之路上波斯商贾李苏沙的后裔。他的祖上隋朝时曾经来华，唐初随国姓改姓李，安史之乱时入蜀。李珣对药学深有研究，他曾游历岭南各地，认识了许多从海外传入中国的药物。著有《海药本草》6卷，以引述海药文献为最大特点，据现存佚文统计，全书收录药物124种，其中96种标注外国产地。如：龙脑香出律因，安息香、诃梨勒出波斯，金屑出大食国。

⑬⓪《海药本草》

《海药本草》

《海药本草》由唐末五代时文学家、本草学家李珣所撰。书中从50余种文献中引述有关海药（海外及南方药）资料，记述药物形态、真伪优劣、性味主治、制药方法、附方服法、禁忌畏恶等。涉及40余处产地名称，以岭南及海外地名居多。今存佚文中含药124种，其中16种系新增。此书为我国第一部海药专著，别具一格。他的著作《海药本草》极大地丰富了中国药物学，是回族医学的重要基础与典籍。

⑬¹ 唐朝海上丝绸之路

汉唐时期，丝绸主要是通过由长安出发，过河西走郎，横穿新疆境内的陆上丝绸之路而运往亚欧各国的。但陆上交通有地理环境恶劣、行程远、运输量小等不利条件，加上唐后期土耳其等占据了中亚细亚、吐蕃占据河西陇右以及元朝蒙古西征，破坏了中亚细亚的经济、文化诸多因素，使陆上丝绸之路渐呈衰势，代之而起的是海上丝绸之路。不久以后，海上交通即已形成了沿朝鲜半岛至日本，或从日本南岛出发，直接横渡东海至长江口一带的扬州、楚州（今江苏淮安）、苏州和明州（今浙江宁波）的东海航线以及从广州出发，经南海、印度洋、波斯湾而到印度、锡兰（今斯里兰卡）、安息（波斯，今伊朗）等国的南海航线。这两条航线把中国同朝鲜、日本、东南亚、南亚和西亚联结起来，大量的丝绸、瓷器连同生产技术传入这些国家。

132 金乔觉

金乔觉

金乔觉（696—794），又名释地藏，俗称金地藏。为古新罗国（今朝鲜半岛东南部）国王金氏近族。金乔觉早年曾经来大唐留学，汉学修养颇深，其诗作被收入《全唐诗》。于是他在回国后，毅然抛弃王族生活，削发为僧。唐开元七年（719 年），金乔觉 24 岁时，带着神犬谛听，通过海上丝绸之路西渡来华，初抵江南，卸舟登陆，几经辗转，卓锡九华。位于九华山麓的“九华行祠”为其初上山时的栖身之处。九华山上的金仙洞、地藏泉、神光岭，都留下他的足印。

设立市舶司
泉州、广州、明
州、杭州、温州、
秀州、江阴、密
《蚕书》
林间桑子落
妈祖
路之

第八部分

四海朝妈祖

⑬③ 三大丝绸产区

隋唐时期，全国丝绸相对集中的产区有三个：一是长江下游的江南地区；二是黄河流域，以河北、河南两道为主体；三是四川巴蜀地区，剑南道和山南道的西部可以划入本区，基本形成三强鼎立的局面。安史之乱后，江南地区的重要性大大增强。此外，西北地区丝绸的发展在边远地区中首屈一指，并表现出浓郁的地方特色。

⑭ 宋元时期丝绸业发展

宋元时期，随着蚕桑技术的进步，北宋丝绸生产以黄河流域、江南地区和四川地区为重要产区。北宋中晚期，全国丝绸生产重心已转移至江南地区，但北方在高档丝织品生产上仍保持优势。南宋时，丝绸产区基本集中在长江流域，江南地区丝绸生产占绝对优势，江浙地区已成为名副其实的“丝绸之府”。元初丝绸生产遭遇战争的破坏，但产区仍有一定规模，历史上第一部官方编纂的农书《农桑辑要》也在全国发行。元朝中期以后，产区格局有较大变化，北方地区的丝绸生产衰落，江南地区变得更为重要。元朝对外交易输出的品种繁多，人文交往十分活跃，其中以意大利马可·波罗来华尤为代表。

136 135

135 妈祖

妈祖，原名林默，亦称“天上圣母”“天后娘娘”，被誉为海上丝绸之路的“保护神”。于宋建隆元年（960 年）农历三月二十三日诞生于福建莆田湄洲岛。林默幼年时就聪明颖悟，过目成诵，她洞晓天文气象，熟习水性，平素精研医理，教人防疫消灾，终生以行善济人为事，矢志不嫁。传说她能“乘席渡海”。她还会预测天气变化，事前告知船户可否出航，所以又传说她能“预知休咎事”，被称为“神女”“龙女”。妈祖一生奔波海上，救急扶危，济险拯溺，护国庇民，福佑群生，航海人敬之若神。妈祖信仰至今在东南亚一带相当广泛。据传农历三月二十三日和九月九日分别为妈祖生日和升天日，全世界前往湄州岛妈祖庙寻根祭祖者络绎不绝。

妈祖

⑬⑥ 林间桑子落

“林间桑子落”出自《五禽言》，是宋朝文学家苏轼的组诗作品。诗人吟咏五种鸟，表达了对劳动人民生活的关注以及深切的同情。其中有“力作力作，蚕丝一百箔。垅上麦头昂，林间桑子落。愿侬一箔千两丝，缫丝得蛹饲尔雏。”由此可见，鄂东在宋朝养蚕缫丝已相当发达。

137 《蚕书》

《蚕书》是我国现存最早的一本关于养蚕和缫丝的专著。北宋高邮人秦观撰著。全书不到 1000 字，该书开篇写道：“予闲居，妇喜蚕，从妇论蚕，作《蚕书》”。书中所记主要为北宋时期高邮地区的蚕事，其间也夹杂有兖州地区的技术，内容分变种、时食、制居、化治、钱眼、琐眼、添梯、车、祷神、戎治等十目，简明扼要地记载了从育种到缫丝的整个生产过程。书中还详细记载了缫车的结构和用途。但行文以农家方言为主，艰涩难懂，全文无图。养蚕专著在此书之前已有不少，如汉朝淮南王刘安的《蚕经》、汉朝王景的《蚕丝法》，唐朝和五代时也有过几本，可惜都已佚失。

⑬⑧ 设立市舶司

市舶司是我国在宋、元及明初在各沿海港口设立的专门的管理机构，相当于现在管理对外贸易的海关，主要执掌蕃货海舶征榷贸易之事。唐朝曾在广州设立市舶使，总管海路来华邦交贸易。北宋开宝四年（970 年）置市舶司于广州，后又置司于杭州、明州、泉州。南宋在两浙置五所。市舶司的职责，一是管理国内海舶的登记、收发、验证公据和引目；二是征收外舶货物的税品；三是收购舶货。宋朝政府规定，八种香药和珠宝禁售于百姓。经收税、收购后，发引，始准自行销售。市舶司设立彰显了宋朝对海上贸易的重视，同时，见证了当时海上丝绸之路贸易的繁荣景象。

马可·波罗
汪大渊《岛夷志略》
王祯《农书》
《农桑辑要》
上海
絲綢之路
欧洲
非洲
亚洲
勿斯里
吉达
亚历山大
埃得哈布
亚丁
记施
基瓦尔
末逻国
尸罗夫
摩加迪沙
基尔瓦
克利马纳
故临
印度洋
太平洋
广州
泉州
建业
浏河
扬州
庆元

第九部分

马可·波罗来华

冬冬画鼓祭蚕神

139 冬冬画鼓祭蚕神

“冬冬画鼓祭蚕神”语出陆游《春晚即事》。陆游（1125—1210）是南宋诗人，字务观，号放翁，越州山阴(今浙江绍兴)人。诗中有“桑麻夹道蔽行人，桃李随风旋作尘。煜煜红灯迎妇担，冬冬画鼓祭蚕神”数句。反映民间养蚕祭蚕神的习俗，流行于杭嘉湖地区。旧时蚕蚁孵出这天，蚕农要将蚕蚁供在蚕神像前的神龛上，点燃无味的香，供三牲祭礼叩拜。也有不供蚕蚁，只象征性祭祀的。这样做是为了祈祷流年吉利，蚕桑丰收。

140 采桑时节暂相逢

采桑时节暂相逢

“采桑时节暂相逢”语出范成大《晚春田园杂兴》。范成大（1126—1193）是南宋名臣、文学家、诗人，字至能，一字幼元，早年自号此山居士，晚号石湖居士，平江府吴县（今江苏苏州）人。诗中有“三旬蚕忌闭门中，邻曲都无步往踪。犹是晓晴风露下，采桑时节暂相逢”数句。采桑是将桑树上生长的叶片、芽叶或条桑采摘剪伐的过程。早晨采的桑叶含水率较高而且耐贮藏；白天由于日照桑叶面水分蒸发，含水量少，因此，一般日中不采叶。

⑭ 赵汝适《诸蕃志》

赵汝适《诸蕃志》

赵汝适（1170—1231），字伯可，台州天台县（今属浙江）人，宋太宗八世孙。官至泉州知府，知南外宗正事。撰有《诸蕃志》一书，分上、下两卷。上卷志国：包括交趾国（越南）、真腊国（柬埔寨）、登流眉国（泰国）、三佛齐国（印度尼西亚苏门答腊）等45国的风土人情；下卷志物：记载海外诸国物产资源，包括物品的产地、形状、性能等。书中还提到了丝绸贸易中各国用来互市的商品。《诸蕃志》是我国第一部记述中外交通、中外贸易和外国物产风土的志书。《四库全书总目提要》称："是书所见，皆得诸见闻，亲为询访，宜其叙述详核，为史家之所依据。"

⑭² 《梓人遗制》

《梓人遗制》是我国古代著名的木工技术著作。元朝薛景石撰著。初刊本已经遗失，现存内容收录在明朝的《永乐大典》中，已非全本。书中详细记载了当时的各种木制机械，特别是纺织机械的构造和性能。该书最突出的特点在于：“每器必离析其体而缕数之。分则各有其名，合则共成一器”。书中对各种机械的每一构件都详细注明了尺寸大小和安装位置以及用材和功能。全书图文并茂，既有各个零部件的分图，又有整个机械的总图，使人看后一目了然，可以按图制造机械。《梓人遗制》是研究当时的木工技术以及纺织技术的重要文献。

143 耶律楚材

耶律楚材（1190—1244），字晋卿，号玉泉老人，法号湛然居士，蒙古帝国时期杰出的政治家、宰相。契丹族，辽皇族后裔。成吉思汗取燕后，被召，并受重用，后随成吉思汗西征中亚，历时七年，这是蒙元丝绸之路发展史上的一件大事。窝阔台即位后，拜中书令，定策立制，军国重事俱与他商定；凡蒙古陋风，悉为改革。他建议军民分治，州郡长吏专理民事，万户府总军政；立十路征收课税使，专掌钱谷。破汴京时，废屠城旧制；召用儒者，设立经籍所、编修所，编印经籍，渐兴文教。还建议荐用文臣，开科取士，选拔人才。他在政治、经济、文化等方面制度的确立与发展方面均有所贡献。官至中书令，在元太祖、太宗两朝任事近30年，元朝立国规章制度多由其奠定。有《湛然居士集》和《西游录》等。

145 144

⑭《西游录》

《西游录》上下两册，耶律楚材撰。蒙古太祖十三年（1218 年），耶律楚材随从成吉思汗西征，留居西域各地约六年，回来后据见闻撰写成书。此书原本分为两部分，第一部分专记自北京出发沿丝绸之路至西域各城的情况；第二部分记录与长春真人丘处机的答问、驳论较多。该书的第一部分，是记述天山南北以及楚河、锡尔河、阿姆河之间山川、道里、物产、民俗等的较早著作，1981 年，《西游录》校注版由中华书局出版，对后人了解 13 世纪丝绸之路中亚各民族的情况有重要的参考价值。

145 成吉思汗

孛儿只斤·铁木真（1162—1227），蒙古帝国可汗，尊号“成吉思汗”，意为“拥有海洋四方”。世界史上杰出的政治家、军事家。12 世纪末至 13 世纪初，他代表蒙古贵族的利益，统一蒙古各部，于 1206 年被推为大汗，称成吉思汗，建立了蒙古国，这是全蒙古的首个政权。建国后，成吉思汗制定了军事、政治、法律等方面的制度，使用文字，改变了蒙古各部间长期战乱的局面，加强了经济联系，有利于蒙古社会的发展。1211 年、1215 年两次大举向金国进攻，直抵黄河北岸，占领了中都（今北京）。1219 年攻灭了花剌子模，打败斡罗思、钦察联军，版图扩展到中亚地区和南俄，间接地把丝织文明传播开去。1226 年，又率兵南下攻西夏，第二年于西夏病死。元朝建立后，追封为元太祖。

⑭⑥ 丘处机

丘处机（1148—1227），字通密，道号长春子，登州栖霞（今属山东）人。19 岁拜王重阳为师，入全真道。曾乞食度日，随身带蓑衣一件，人称“蓑衣先生”。后去陇州龙门山修道，创建龙门派。1220 年，丘处机应成吉思汗之诏，不顾年已古稀，毅然率弟子 18 人，西行万里，在雪山之巅（今阿富汗境内）谒见成吉思汗。在成吉思汗西征军行营内，丘处机与成吉思汗朝夕相处数月发现成吉思汗推行残酷的杀戮政策，针对其希冀长生不老的心理需求，巧妙地多次与之论道，积极宣传去暴止杀、济世安民思想。成吉思汗赐号“神仙”，并命丘处机掌管天下道教。1224 年 2 月，丘处机来到北京，驻于太极宫，改名长春宫。1227 年死，遗骸葬于白云观处顺堂。世称丘处机为“长春真人”。

⑭⑦ 去暴止杀

在成吉思汗西征时，丘处机受成吉思汗三次邀请，终以72岁高龄，奔波万里，远赴今阿富汗境内的兴都库仕山，去会见成吉思汗，成吉思汗深觉丘处机知识渊博，以长者之礼待之，丘处机于是用诸如孔孟之道的中原文化引导成吉思汗，潜移默化地让成吉思汗放弃了攻进中原后大肆屠城、掠夺的打算，并且让其子女学习中原文化。丘处机对成吉思汗劝说“去暴止杀”，在当时已得到高度评价，后世更是盛赞其拯救生灵之功德，体现了“仁爱无私、尊道贵德、包容通和、坚毅忠勇”的高尚品质，诠释了中华民族热爱和平“崇正义、尚和合、求大同”的核心思想。清高宗皇帝曾为丘处机撰写了一副对联：“万古长生，不用餐霞求秘诀；一言止杀，始知济世有奇功”。

⑱《农桑辑要》

《农桑辑要》是我国现存最早的官修农书。元朝司农司编撰，孟祺、畅师文、苗好谦等参加了具体编写或修订补充工作。成书于至元十年（1273 年）。7 卷 10 门，共 6 万字。前有王磐的序。全书分为典训、耕垦、播种、栽桑、养蚕、瓜菜、果实、竹木、药草、孳畜等。栽桑和养蚕约占全书三分之一。内容大多辑自古代至元初的农书，从而保存了不少已佚农书中的宝贵资料。提出了不应受风土说限制的农作物种植思想。书中大力提倡在北方地区种植棉花和苎麻，并介绍了其栽培技术。此书在北方地区有很高的实用价值，影响很大。

《农桑辑要》

⑭⑨ 王祯《农书》

《农书》是元朝王祯（1271—1368）编著的一部重要的农业科学著作。全书约13.6万字，插图281幅，分为《农桑通诀》《百谷谱》《农器图谱》以及对各种农具、水利机械、手工业加工工具等都有图谱和说明。该书总结了从《齐民要术》以来我国人民在农业生产上取得的成就，包括宋金时期南北方在农业（含蚕桑纺织）生产技术和工具方面的创造，是一部从全国范围内对整个农业作系统进行研究的农学巨著。

150 汪大渊

汪大渊（1311—1350），字焕章，江西南昌人，元朝航海家。至顺元年（1330 年），年仅 20 岁的汪大渊首次从泉州出海远航，历经海南岛、占城、马六甲、爪哇、苏门答腊、缅甸、印度、波斯、阿拉伯、埃及，横渡地中海至摩洛哥，再回到埃及，出红海到索马里、莫桑比克，横渡印度洋回到斯里兰卡、苏门答腊、爪哇，经澳大利亚到加里曼丹、菲律宾返回泉州，前后历时五年。至元三年（1337 年），汪大渊再次从泉州出航，历经南洋群岛、阿拉伯海、波斯湾、红海、地中海、非洲的莫桑比克海峡及澳大利亚各地，至元五年（1339 年）返回泉州。元顺帝至正九年（1349 年）在泉州著《岛夷志略》一书，记述亲身经历的 200 多个地方，是一部重要的中外交通史文献。

⑮①《岛夷志略》

《岛夷志略》由元汪大渊撰。一卷。书分100条，涉及220多个国家和地区。记述其天时、气候、地理、地名、风土、人情、物产等。上承宋朝周去非《岭外代答》、赵汝适《诸蕃志》、下接明朝马欢《瀛涯胜览》、费信《星槎胜览》等书的一部重要著作。作者附舶浮海，前后两下东西洋，“皆亲历而手记之，究非空谈无征者比”，并得到马欢等人的证实。其中关于中外交通史（包括海上丝绸之路）、华侨史、西域南海物产志和民俗学等，为研究古代中外关系史提供了重要的参考资料。

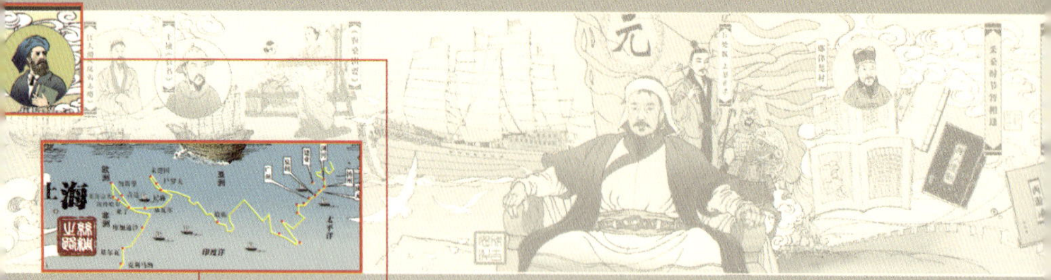

152 153

⑮② 马可 · 波罗

马可 · 波罗（Marco Polo，1254—1324），意大利旅行家，威尼斯商人，贵族家庭出生。1271 年随其父尼古拉和叔父马菲经叙利亚，越伊朗高原和帕米尔高原，沿丝绸之路取道新疆、甘肃，于 1275 年 5 月抵达上都，受到元朝皇帝忽必烈的欢迎。马可 · 波罗为人聪明，办事审慎，深得元世祖忽必烈信任。在中国为官达 17 年。曾到今晋、陕、川、滇、鲁、苏、浙、闽等地巡视。还到过今北京、新疆、甘肃、内蒙古等地，并在扬州为官三年。曾出使缅甸、越南、菲律宾、印尼、爪哇、苏门答腊。1292 年奉命护送元室公主阔阔真去伊儿汗国完婚。行程艰难坎坷，历时两年半才到波斯。9 个月后动身返故乡威尼斯，1295 年抵达。1298 年参加与热那亚的战争，受伤被俘入狱。狱中口述中国见闻，由同狱的罗斯蒂生（一译鲁思蒂谦）笔录成《马可 · 波罗游记》一书。1299 年，威尼斯和热那亚两个城邦议和，马可 · 波罗获释返威尼斯，娶妻成家，生有三女。此后，一直未再远游。1324 年 1 月逝世，终年 70 岁。马可 · 波罗中国之行及其游记，对后来欧洲发现新航路起到促进作用。葡萄牙的达 · 伽马、意大利的哥伦布等均多少得益于《马可 · 波罗游记》。

⑬ 宋元海上丝绸之路

宋元时期的造船技术和航海技术明显提高，指南针广泛应用于航海，中国商船的远航能力大为加强。宋朝先后在广州、杭州、宁波、泉州、胶州、嘉兴府（秀州）华亭县（今松江）、镇江府、苏州、温州、江阴、海盐等地设立市舶司专门管理海外贸易。其中广州为当时的第一大港，泉州在南宋后期成为世界第一大港、东方第一大港。对外交往进入频繁时期，海外贸易发达。往东达朝鲜、日本，西至阿拉伯半岛和非洲东海岸一些国家，与中国通商的国家有 50 多个。元朝意大利人马可·波罗据说来华居住 10 多年，著有《马可·波罗游记》。中国大航海家汪大渊，由泉州港出海航海远至埃及，著有《岛夷志略》一书，记录所到百国。元世祖忽必烈在位时，由于连年征战和失败因而先后实行了四次海禁。1322 年复置泉州、庆元（宁波）、广州市舶提举司，之后不再禁海。

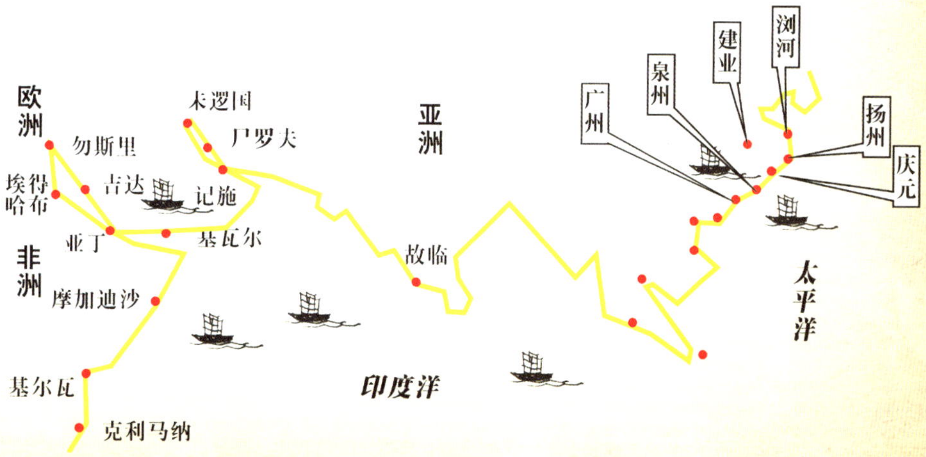

汤若望
1623年
北京
荷兰东印度公司
《崇祯历书》
Tang Ruowang
艾儒略
《天工开物》
宋应星
《农政全书》
徐光启
瓷器珍宝
单照
眼镜
镜史
孙云球
望远镜
药材珊瑚
光学
何

第十部分

郑和下西洋

⑮④ 帖木儿

帖木儿（1370—1405），丝绸之路上帖木儿帝国创立者。出身于西察合台突厥化蒙古贵族家庭。自称为成吉思汗的苗裔，跛足。1370 年推翻撒马尔罕的蒙古统治者，自立为察合台汗国君主。后以约 10 年时间控制了察合台全境，东疆与中国接壤。1380 年率领鞑靼游牧民族进行远征。征服了阿富汗、波斯、法里斯等地。1393 年攻克巴格达。1395 年进攻钦察汗国，侵掠俄罗斯。3 年后攻陷印度德里，屠杀居民近 10 万。1400 年袭击叙利亚北部，抢劫阿勒颇城，摧毁城内建筑，残杀穆斯林居民 2 万多人。1402 年在安卡拉战役中大败奥斯曼土耳其军队，俘其苏丹巴叶塞特。1405 年集结大军 20 万人向中国进军，途中病死，遂罢兵。16 世纪初帝国被乌兹别克人所灭。

155 陈诚出使西域

陈诚，明朝的西域使者。又名朴斋，字子鲁，号竹山，吉安吉水人（今属江西人）。洪武二十七年（1394 年）考中进士，历任翰林院检讨、广东等处承宣布政司左参议、吏部验封清吏司员外郎。永乐十二年（1414 年），奉命与中官李达、户部主事李暹出使哈烈（今阿富汗西北部），返回后，与李暹合写了《西域行程记》《西域番国志》二书，对研究西域民族史和丝绸之路的历史极有价值。此后又曾两次出使哈烈和撒马尔罕，两次出使撒里畏兀儿地区，半生奔波于内地和西域之间。他还写有 92 首《西域纪行诗》，真实而又优美，是明朝唯一的西域边塞诗作。

157 156

156 郑和下西洋

郑和（1371—1433），原姓马，名和，小名三宝，又作三保，云南昆阳（今晋宁昆阳）人，回族。从永乐三年（1405年）至宣德八年（1433年），奉命七次出使“西洋”，历时28年，到过的地方，有占城（今越南南部）、真腊（今柬埔寨）、暹罗（今泰国）、苏禄（今菲律宾）、满剌加（今马来半岛西南部）、吉兰丹（今马来半岛东南部）、彭亨（今马来西亚）、苏门答腊、阿鲁（今苏门答腊北部）、爪哇、旧港、南勃里（今印度尼西亚）、锡兰山（今斯里兰卡）、溜山（今马尔代夫群岛）、榜葛剌（今孟加拉）等30多个国家和地区。郑和每次出使“西洋”，统率水手、军士等约2万余人，分乘宝船50多艘。宝船满载我国精美瓷器、铜器、铁器、金银、丝绸和绢帛等与沿线国家对外交流，扩大了中国同亚非国家经济、文化的交流，是海上丝绸之路的开拓者。

郑和下西洋

⑮⑦ 航海图

郑和下西洋主持绘制的航海地图，是中国第一部海图。保存在明朝茅元仪《武备志》第240卷中，标题是《自宝船厂开船从龙江关出水直抵外国诸番图》。分20图，40面，连接起来是一幅横条形图。图上绘有沿岸地形、岛屿、礁石、浅滩以及最突出的针路（记载了开船地点、航向、航程和停泊处所等）。航向是记罗盘针位，航程用更计算。在图上也记载了观测的牵星记录和测量的水深。该图在对研究海上丝绸之路的历史和航海史上占有非常重要的地位。

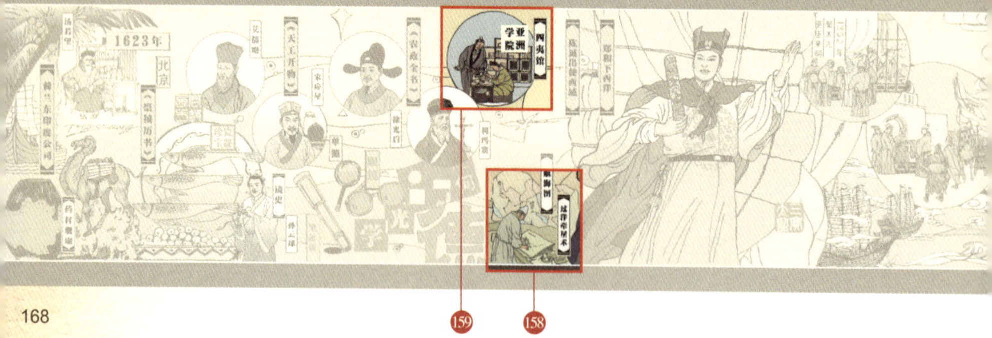

⑮⑧ 过洋牵星术

过洋牵星术是中国古代航海所用的天文观察导航技术。指用牵星板测量某地的星辰高度，然后计算出该地的纬度，以此测定船只具体的航向。牵星板是牵星术的主要工具。它可以找到船舶在海上的位置，原理是测量星体距水平线高度，相当于现在的六分仪。牵星板以一条绳穿12块正方形木板，观察者手臂向前伸直，一手持板，另一手握住绳头置于眼前，观测方板上下边缘，将下缘和水平线取平，上边缘和被测的星体重合，依据所用之板属于几指，得出星辰高度的指数。明朝过洋牵星术常用的星座有北辰星、织女星、布司星、水平星、北斗星、华盖星、灯笼骨星等。

⑮⑨ 四夷馆

四夷馆是我国官方设立最早培养翻译人才的专业机构，相当于现在的外交学院，主要负责教习各民族、各国家的语言文字，翻译国家间往来文书等。四夷馆早在魏晋时期在洛阳设立，馆中曾经居住着西域诸国商人贩客1万余家。明朝永乐四年（1406年），以四夷馆之名设培养外语人才的机构，分蒙古、女直（女真）、西番、西天、回回、百夷、高昌、缅甸八馆。正德中，又增设八百馆，万历中又增设暹罗馆。四夷馆为便于翻译文字，还编有一些民族语文与汉文对照的分类词汇集《杂字》，成为当时名副其实的亚洲学院。

160《农政全书》

《农政全书》，明朝科学家徐光启（1562—1633）著。分农本、田制、农事、水利、农器、树艺、蚕桑、蚕桑广类、牧养、种植、制造及荒政12部，和农业及与农业有关的政策、制度、措施、工具、作物特性、技术知识等，应有尽有。书中保存了历代的农业科学资料，同时也反映了当时深耕细作的农业生产水平。特别对番薯和棉花的种植技术与经营方法，做了重点介绍。书中引用了许多老农、老圃的话，是劳动人民农业生产技术经验的总结。另外在水利部，还介绍了17世纪初西方水利学原理和新式提水工具。

⑯《天工开物》

《天工开物》，明末杰出科学家宋应星（1587—约1666）著。是一部总结明朝工农业生产技术的书。全书3卷28篇。上卷著录衣食、生产之技术和经验，包括谷物种植、收割加工，植桑、养蚕、棉麻、染料生产和纺织、染色以及制盐、榨糖等。中卷著录重要日用品之生产技术和经验，包括砖瓦、陶瓷、铜铁器具、舟车的制造，石灰、矾石、硫黄的烧制，煤炭的开采，植物油的榨制，纸的制造等。下卷著录五金采冶、兵器制造、制曲、酿酒、珍珠宝玉采琢等生产技术和经验。书中对每种手工业从原料到制成品的全部生产过程和工序都有较详细的说明，对于一些应用化学的原理也作了分析，还附录了很多精巧的画图，反映了明朝一些手工作坊或工场的面貌，为我国古代科技名著。

162 利玛窦

利玛窦（Matteo Ricci，1552—1610），号西泰，又号清泰、西江。中西文化交流的先驱者。1552年生于意大利的马西那太。16岁到罗马学法律，19岁进天主教耶稣会学校，深受文艺复兴运动的影响。25岁时沿丝绸之路东来传教，下苦功掌握汉语，攻读“四书”“五经”。晚年写出《中国札记》一书（又名《基督教流传中国记》），记述了他在中国的全部经历，颇为详细地介绍了中国的政治、经济、思想、地理、历史、科技、文化以及风俗人情等方面的情况。1615年印行之后，成为欧洲的风靡之作。是欧洲第一部系统研究中国的专著，史料价值甚高。来中国期间，介绍西方的风土人情，教授天文、算术、地理等知识，还陈列出当时所谓的西方“奇物”，如：万国图、自鸣钟、三棱镜等。与徐光启合译《几何原本》6卷（原书为1574年的拉丁版本，共计15卷），还与李之藻合译了几部数学著作。他的《坤舆万国全图》，对在我国传播地理知识大有裨益。

163 艾儒略

艾儒略（Jules Aleni，1582—1649），字思及。明耶稣会传教士，意大利布雷西亚人。明末沿海上丝绸之路来中国的天主教耶稣会传教士。万历三十八年（1610 年）抵澳门，四十一年入内地。初被派往北京，同年赴开封访求犹太教经典，不果而还。不久偕徐光启赴上海。此后曾在江苏、陕西、山西等地传教。天启四年（1624 年），阁老叶向高于杭州延之至福建。翌年抵福州。崇祯七年（1634 年）赴泉州、兴化传教。顺治四年（1647 年）为避清军，潜居延平。六年卒于延平，葬于福州。著有《三山论学记》1 卷，《熙朝崇正集》4 卷，《西学凡》1 卷，《几何要法》4 卷，《职方外纪》5 卷，《坤舆图说》2 卷等。

164 孙云球

孙云球(1628—1662)，明末清初制镜高手、光学仪器制造家。字文玉，又字泗滨。江苏吴江人。以制造眼镜等为业，是我国最早制造望远镜的人，并创造了万花镜、多面镜、放光镜、夜明镜、幻容镜、莺镜、存目镜、察微镜和各种眼镜等70多种。孙云球制成的“千里眼”（即望远镜），为海上丝绸之路的发展提供了技术支持。《吴县志》说他制造的镜子，被人誉为“巧妙不可思议”。曾著有《镜史》1卷，可惜已失传。

⑯⑤《崇祯历书》

《崇祯历书》，我国古代规模最大的一部历书。共计 46 种 137 卷。明崇祯初期，徐光启、李天经先后主持历局，他们在沿丝绸之路来华的耶稣会士邓玉函、罗雅谷、汤若望等人的帮助下编译成书。这是一部系统介绍欧洲天文历法的丛书。主要内容有：法原（天文理论）；法数（天文表）；法算（天文数学）；法器（天文仪器）；会通（中西度量换算表）。重点是天文理论，占全书内容的三分之一。系统介绍第谷体系，引入地球概念，介绍平面、球面三角学，引进周日视差和蒙气差，采用先进的回归年、岁差等数据，引进西方度量单位。成书后未能在明末颁行，清初改编为《西洋新法历书》颁行。

167 166

166 汤若望

汤若望（Johann Adam Schallvon Bell，1592—1666），明末来中国的天主教耶稣会传教士。字道未。德国人。明万历四十八年（1620年）与金尼阁教士沿海上丝绸之路抵澳门。天启二年（1622年）夏进入广东，次年初到达北京，继至西安传教。崇祯三年（1630年）钦召回北京，主持历局，推步天文，兼制各种仪器，参与编制《崇祯历书》共137卷。并监铸火炮，传授用法，以阻止清兵入关。后归清朝，颇受礼遇，任钦天监监正，加太常寺少卿衔。顺治八年（1651年）福临亲政后，更连连加爵，并赐名“通玄教师”。康熙三年（1644年）被杨光先所参劾，下狱。次年释放，不久病死于北京。曾口述，由焦勖整理成《火攻挈要》3卷（附《火攻秘要》1卷），另著有《主制群体》《主教缘起》等书。

⑯⑦ 荷兰东印度公司

荷兰东印度公司是17世纪初至18世纪末荷兰政府特许的在亚洲进行殖民扩张的垄断贸易公司之一。1602年3月，荷兰议会通过决议，把与东方各国有贸易往来的公司统一组成“联合东印度公司”，即所谓荷兰东印度公司，并规定该公司有在好望角与麦哲伦海峡之间从事贸易、代表荷兰政府宣战、媾和与签订条约以及夺取与管理殖民地和拥有自己的海陆军的权力。它先后侵占了锡兰、马六甲、爪哇、马都拉、望加锡与马鲁古群岛等。从1603年起，多次派兵船沿海上丝绸之路侵犯中国领土澳门和澎湖。1624年在台湾登陆，侵占台湾，不断骚扰中国东南沿海，抢劫船货，掳掠人口。1633年在澎湖为郑芝龙所败，几乎全军覆没。1662年被郑成功驱逐出台湾。其后继续在南洋劫截中国商船，加强对居住在爪哇和马六甲等地华侨的勒索、奴役，于1740年制造了屠杀1万多名华侨的“红溪惨案”。后因英法殖民势力的崛起，于1799年年底垮台。

美亚织绸
振亚与东吴
著名丝业
丝绸服饰
食品开发
机织人造血管
丝织商贸
张謇
费达生
苏州蚕桑专科学校
苏州丝绸工学院
斯坦因
黄文斢
李约瑟
孙中山
《建国方略》
沈寿
林启创办蚕学馆
1860
怡和洋行
陈启沅
蜀绣
粤绣

第十一部分

虎门销毁烟

禁海
《身见录》
林则徐
郎世宁
康熙《御制耕织图》
北京织造府
康
乾
盛世
苏州织造府
江宁织造府
杭州织造府
三大名锦
苏州·宋锦
南京·云锦
成都·蜀锦

⑯⑧ 四大织造府

织造府，为皇室督造和采办绸缎的衙门。织造府织造为五品官，因为是钦差，实际地位与一品大员之总督、巡抚却相差无几。织造往往是皇帝心腹，随时能够密奏地方各种情况，为皇上耳目。康熙二年（1663 年），改由内务府派官就任。历史上北京、江宁、苏州、杭州都曾设立织造署，合称四大织造府。

⑯⑨ 三大名锦

中国三大名锦分别为云锦、蜀锦、宋锦，其中，云锦于2009年9月成功入选联合国《人类非物质文化遗产代表作名录》。云锦，产地南京，因色泽光丽灿烂，状如天上云彩，故而得名。云锦在元、明、清三朝均为皇家御用品贡品，为中国三大名锦之首。蜀锦，以产于蜀地而得名，秦汉至隋唐时期的锦织品几乎均为蜀锦。成都也因此得名“锦官城”，它还是丝绸之路上的主要交易品之一、日本国宝级传统工艺品京都西阵织的前身。宋锦，产地苏州，是在唐朝蜀锦的基础上发展而来。北宋朝廷在东京设“绫锦院”网罗了很多蜀锦织工为贵族制作礼服，从而形成宋锦。宋锦色泽华丽，质地坚柔，图案精致，产品分大锦、小锦、彩带等数种。2014年11月，亚太经合组织（APEC）第22次领导人非正式会议代表穿的“新中装”用的面料就是宋锦。

170 康熙《御制耕织图》

《御制耕织图》又名《佩文斋耕织图》，焦秉贞绘图，康熙题诗。焦秉贞作耕、织二图各23种，其中“耕”绘有浸种、耕、耙耨、耖、碌碡、布秧、初秧、淤阴、拔秧、插秧、一耘、二耘、三耘、灌溉、收割、登场、持穗、舂碓、簏、簸扬、砻、入仓、祭神等图，“织”绘有浴蚕、二眠、三眠、大起、捉绩、分箔、采桑、上蔟、炙箔、下簇、择茧、窖蚕、练丝、蚕蛾、祀谢、纬、织、络纱、经、染色、攀花、剪帛、成衣等图，每图均有七言、五言诗附在后面，或诠释，或说明，或议论。这本书也反映了康熙对农事的关心和重视。

171 樊守义《身见录》

樊守义（1682—1753），又作守利、守和、诗义，字利和，清朝山西平阳人。1707 年奉清廷之命与传教士艾若瑟赴欧，经好望角，绕道南美洲的巴西，经葡萄牙，于 1709 年到达意大利的热那亚。此后，他在罗马、都灵等地游历。1720 年，他从意大利经葡萄牙沿海上丝绸之路回到国内，得到康熙皇帝召见。《身见录》是樊守义回国后写的一篇回忆录。这是我国人写的最早的一部欧洲游记。它的一份原稿夹在罗马图书馆馆藏的《名理探》一书中，由阎宗临先生于 1937 年拍照整理，首次发表于 1959 年《山西师范学院学报》（第二期）。《身见录》虽仅 6000 余字，却在中意文化交流史上具有重大意义。

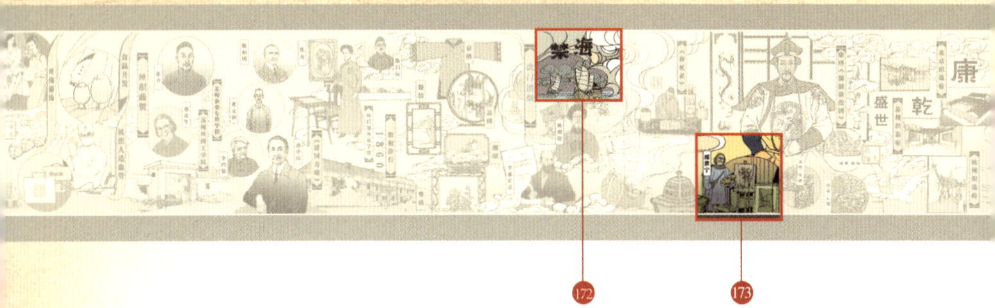

⑰² 郎世宁

郎世宁（Giuseppe Castiglione，1688—1766），清初来中国的天主教耶稣会修士、画家兼建筑家。意大利人，生于米兰。1707年在热那亚加入耶稣会，康熙五十四年（1715年）沿丝绸之路来华传教，旋供奉内廷，历康熙、雍正、乾隆三朝。曾参与圆明园西洋建筑的设计。擅画肖像、走兽、花鸟。尤工画马，有名作《百骏图》传于世。乾隆年间几次重大政治、军事活动，均奉旨画大型画卷以记。如平定准噶尔叛乱、乾隆南巡等皆是。所作绘画参酌中西画法，讲求透视、明暗，刻画细腻而止于形似。后世画家多有仿效。其画得中国皇帝赏识，其人也因此数次请准西洋教士在华自由传教。郎世宁集画家与教士于一身，在中国基督教史上有特殊地位。

173 海禁

清初为了镇压抗清力量，颁布禁海令，“寸板不得下海”。接着又颁布迁海令，“闽、广、苏、浙沿海居民内迁 50 里，越过限界者斩首。”康熙二十三年（1684 年）收复台湾后，曾经放宽一段时间，未几，复申海禁，直至鸦片战争以前，广州以外的各港口都被奉命封闭。《大清律》明文规定凡将车、马、牛、军需、铜钱、铁货、绸缎等物品私自出海交易的，杖责一百，货物车船充公入库，地方主管如果知情而放纵不禁，则与犯禁海令者同罪。直到 1910 年才予以删除。清朝的海禁政令，对中国与西方的交流产生了严重的影响。

虎门销烟

⑰④ 虎门销烟

虎门销烟指清朝政府委任钦差大臣林则徐在广东虎门集中销毁鸦片的重要事件。1839 年 6 月 3 日，林则徐奉旨下令在虎门海滩当众销毁鸦片，共计 23 天，销毁鸦片 19187 箱和 2119 袋，总重量 1188127 千克。虎门销烟成为打击毒品的历史事件，维护了民族尊严和利益，是中国近代史上反帝的壮举，展示出了中华民族对抗外来侵略的决心，有着标志性的意义。

⑰⑤ 林则徐

林则徐（1785—1850），字元抚，又字少穆，晚号俟村老人等，福建侯官（今福州）人，是清朝时期的政治家、思想家和诗人。嘉庆年间中进士，由道台升至巡抚。1837 年升任湖广总督，查禁鸦片，成效卓著。1838 年被任命为钦差大臣，节制广东水师，前往广东禁烟。同两广总督邓廷桢合力严缉走私烟贩，惩处受贿官吏，进行了举世闻名的虎门销烟。在禁烟的同时，大力整顿海防，积极准备战守，屡挫英军的武装挑衅。为了了解西方，组织人翻译西方书刊。亲自主持译编《四洲志》，开创了近代研究西方之风气。1840 年年初，接替邓廷桢任两广总督。鸦片战争爆发后，奋起抗英。后因受投降派诬害被革职，流放到新疆伊犁。1845 年被重新起用，先后任陕甘总督、陕西巡抚、云贵总督等职。1850 年受命为钦差大臣，赴广西镇压农民起义。主要著作有《林文忠公政书》《信及录》《林则徐集》等。

176

⑰⑥ 四大名绣

四大名绣指汉民族传统刺绣工艺中的苏绣、粤绣、湘绣、蜀绣。苏绣有着2000多年的历史，自古便以素雅精细著称，其主题突出，构图简练，技巧精湛，所用最细的线达到肉眼辨识的极限。粤绣繁而不乱，构图饱满，装饰性强，绣制平整光滑。它的题材多为百鸟朝阳、龙凤等图案。湘绣使用不同色线掺和变化，色彩饱满丰富，色调和谐，是吸收其他刺绣的长处发展而来的。其所绣内容多为山水、人物、走兽等，图案借鉴了国画的长处，尤以狮、虎题材最为栩栩如生。蜀绣以软缎和彩丝为主，针法多达100多种，具有浓厚的地方风格，充分发挥了手绣的特长。题材大多为花鸟、走兽、虫鱼和人物等，品种有绣屏、被面、桌布、枕套、靠垫、头巾等。

蜀绣
苏绣
湘绣
粤绣

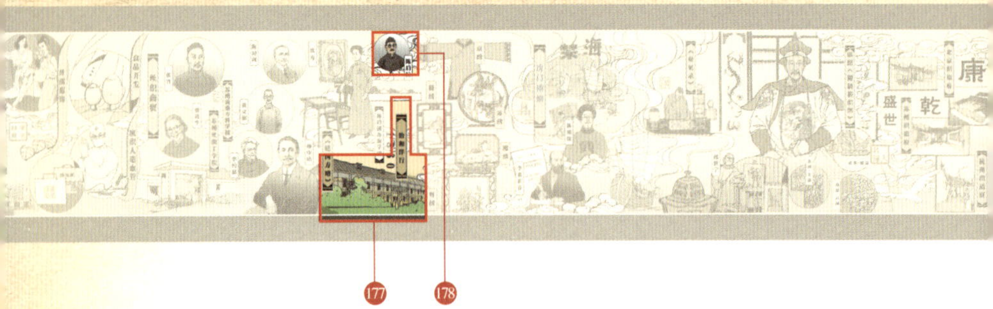

177 怡和洋行

又称“渣甸洋行”。外商在华企业。兼营保险业务。英商最早在中国开设的贸易机构。1782年在广州成立。其经营人及牌号时常变更，1832年改组后，始命名怡和洋行，一直沿用至今。从事鸦片走私，参与策动鸦片战争，战后总部迁香港。1843年在上海设行操纵沿海运输和对外贸易，其他港口城市亦陆续设有分支机构。怡和洋行在收购茶叶、桐油、棉花、生丝的同时，将怡和所产棉布、丝绸、呢绒、毛线销往各地。1805年曾与宝顺洋行合资在广州创办中国第一家保险企业——谏当保安行。1835年宝顺洋行退出，即归渣甸洋行单独管理并总代理，改称谏当保险公司。后又改称广东保险公司。1866年投资开办香港火烛保险公司。怡和还自设保险部，代理英商多家保险公司业务。

⑰⑧ 陈启沅

陈启沅（1834—1903），字芷馨，号息心老人、息心居士，广东省南海县西樵镇简村人。中国近代民族资本主义工业的首创者，是最早投资中国近代企业的华侨。一度在家乡蒙馆执教。1854 年随兄赴南洋谋生，经 10 年艰苦经营，成为当地华侨富商。1872 年携资 7000 两白银回南海西樵乡简村陈氏本宅，于第二年建成中国第一家民族资本企业继昌隆缫丝厂。生产效率比旧式操作提高 10 倍，产品质地优良，行销欧美。但因旧式行会嫉妒，1881 年被勒令停业，迁澳门。1887 年再回南海经营。后因其子经营不善，1928 年倒闭。陈启沅通技艺和数学等，著作刊行于世的有《蚕桑谱》《理气源》《周易理数会通》《陈启沅算学》等。

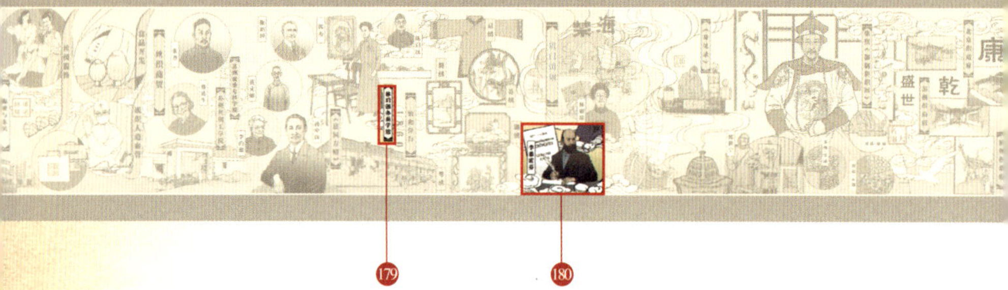

⑰⑨ 林启创办蚕学馆

林启（1839—1900），字迪臣，福建侯官（今福州）人。清光绪二年（1876 年）进士。1896 年起任杭州知府，兴办蚕学馆（今浙江丝绸工学院和绍兴地区农校蚕科的前身），是中国的纺织教育事业之父。他还创建求是书院（今浙江大学前身）、养正书塾（今浙江省杭州一中前身），对中国的教育事业起了积极作用。林启极力主张以蚕丝为先振兴中国实业。1897 年，他于西湖金沙港创办中国第一所蚕丝学校——蚕学馆，自己兼总办，招收学员授以栽桑、养蚕、制丝等课程。蚕学馆的历届毕业生此后在全国各地兴办起一批蚕丝学校。杭州人士在西湖孤山放鹤亭旁建立林社来纪念他。

林启创办蚕学馆

180 李希霍芬《中国》

李希霍芬，德国地理学家、地质学家，历任波恩、莱比锡、柏林等大学教授，柏林大学校长，国际地理学会会长。1868—1872年，在上海西商会帮助下，在中国先后做了七次旅行，几乎走遍了每一个省，调查地质、黄土、矿产、海岸与构造线分布等，特别注意自然资源的分布，尤其关注山东矿产和胶州湾港口。后来以此调查资料为根据，写出他的巨著：《中国，亲身旅行的成果和以之为根据的研究》（五卷集并附图）。他通过考察，认为当时路上运输的主要货物是丝绸，所以他首次提出“丝绸之路”这个概念，这一名称被中外学者普遍所接受并沿用至今。

(181) 斯坦因

马尔克·奥莱尔·斯坦因（Marc Aurel Stein，1862—1943），匈牙利籍犹太人。1904 年入英国国籍，著名考古学家、艺术史家、语言学家、地理学家和探险家，国际敦煌学开山鼻祖。其曾于 1900—1901 年、1906—1908 年、1913—1916 年、1930—1931 年进行了著名的四次中亚考察，重点是中国的新疆和甘肃。他搜集了今天英国与印度所藏的敦煌与中亚文物，并最早进行研究与公布。因为他的廉购、走私、窃取等行为，后人对他评价褒贬不一，但他的许多著作至今仍是敦煌吐鲁番学研究者的案边首选。

⑱² 沈寿

沈寿（1874—1921），女，原名云芝，字雪君，别号天香阁主，江苏苏州人。刺绣工艺美术教育家。清末民初刺绣艺术家。7 岁从姐沈立学习绣艺，后和姐姐长期合作刺绣。1904 年慈禧 70 岁寿辰，沈寿夫妇俩将八幅通屏“八仙上寿图”进献获嘉奖。慈禧亲书“福”“寿”两字分赐沈寿夫妇，由此改名为寿。1905 年清政府派沈寿与其夫余觉赴日本考察美术教育。回国后设女子绣工科，又称皇家绣工学校。1910 年，南京举办南洋劝业会，沈寿为绣品审查官。她的绣品《意大利君后像》参展获一等奖。并作为国家礼品赠给意大利，得到意大利国王和皇后回赠的最高级“圣玛丽宝勋章”和嵌有意大利皇家徽章的钻石金壳怀表。著有《雪宧绣谱》。

⑱③《建国方略》

《建国方略》，孙中山著。成书于1917—1921年。该书是在反对袁世凯复辟帝制的二次革命和反对段祺瑞军阀统治的护法运动遭受挫折后，孙中山在上海写成的。试图从理论上总结经验教训，探寻新的道路，希望以此启发国民，唤醒社会。它由三部著作组成：第一部分又名《孙文学说》，主讲“心理建设”，出版于1919年。第二部分是《实业计划》即“物质建设”，用英文写成，1920年出版英文本，次年出版中文本。第三部分是《民权初步》即“社会建设”，出版于1917年。《建国方略》中专辟《衣服工业》一章，谈到了丝、麻、棉、毛、蚕丝等工业的发展愿景。

⑱④ 黄文弼

黄文弼（1893—1966），字仲良，湖北汉川人，中国科学院考古研究所研究员，考古学家，西北史地学家。1918年毕业于北京大学，留校先后任国学研究所讲师、副教授。1927—1943年，三次参加中国西北科学考察团，到吐鲁番盆地、塔里木盆地、罗布泊地区进行考察。新中国成立后，任中国科学院考古研究所研究员。1957年，再次率领考古工作队赴新疆调查和考察。撰有《吐鲁番考古记》《塔里木盆地考古记》《罗布淖尔考古记》《高昌》等有关新疆考古的名著。黄文弼在罗布泊的考古发现，为研究早期古代丝绸之路的开辟，以及西汉王朝在这里进行大规模屯田和派驻屯田士卒、设立驿站和建立粮库这些史实提供了重要的材料依据。

185 李约瑟

李约瑟（Joseph Needham，1900—1995），英国人，中国科技史学家、生物化学家，因尊崇中国古代哲学家老子（传姓李），遂以李为姓。长期致力于中国科技史研究，对科技史研究及中西文化交流有较大贡献，为中国培养了一批优秀科技史学家。早年以生物化学研究而著称，20 世纪 30—40 年代出版了《化学胚胎学》《生物化学与形态发生》。著有《中国科学技术史》，他在这部有 34 个分册的系列巨著中，以丰富的史料、确凿的证据向世界表明中国文明在世界科学技术史上被忽略的巨大作用。他在书中还多次对中国的丝绸纺织工艺进行了深入研究和剖析。

⑱⑥ 张謇

张謇（1853—1926），字季直，号啬庵，江苏南通人。清末著名实业家、政治家、教育家，主张实业救国，著有《张季子九录》《张謇日记》《啬翁自订年谱》等。他晚年时十分酷爱刺绣艺术，曾与绣娘沈寿合作撰写《雪宧绣谱》，对绣备、绣引、针法、绣要等8个部分进行提炼、概括，总结出一套较为完备的刺绣理论和技法。1919年，《雪宧绣谱》正式出版，这是我国第一部系统介绍刺绣艺术的传世之作。1920年，张謇筹建南通绣织局，委托沈寿担任局长负责传习刺绣技艺，曾在上海、纽约、法国等地设立多个办事处销售作品，从此，沈寿刺绣艺术作名扬海内外。

187 苏州蚕桑专科学校

苏州蚕桑专科学校是一所历史悠久的老高校。它位于姑苏城外，阳山之麓、运河之滨的浒墅关镇上。该校前身是史量才先生所办的上海私立女子蚕业学堂，创始于1904年。1911年改为公立，迁址于吴县浒墅关，定名为江苏省立女子蚕业学校（简称女蚕校）。1936年专修科改称江苏省立制丝专科学校。1995年，苏州蚕桑专科学校并入苏州大学。

188 费达生

费达生

费达生（1903—2005），蚕丝学家。江苏吴江人。著名社会学家费孝通的姐姐。被誉为“当代蚕花娘娘”。1920 年江苏省立女子蚕丝学校毕业，1923 年日本东京高等蚕丝专科学校毕业。回国后，曾任江苏省女子蚕业学校推广部主任，四川丝绸公司总技师。新中国成立后，历任江苏省丝绸工业局副局长，苏州丝绸工业专科学校副校长，苏州丝绸工学院副院长。1950 年，她与“中国蚕丝界泰斗”郑辟疆结为夫妻，一生致力于蚕种改良、推广蚕丝新技术，革新制丝机械并从事丝绸教育事业。撰有论文《复兴蚕丝业的先声》《浅谈桑蚕丝绸系统工程》。

189 苏州丝绸工学院

苏州丝绸工学院

苏州丝绸工学院是全国唯一以“丝绸”为主的专科学校，她的前身是 1903 年史量才先生创办的上海私立女子蚕业学堂。后经过几次调整，1960 年定名为苏州丝绸工学院，1997 年并入苏州大学。2008 年，学校专业调整，材料工程学院更名纺织与服装工程学院。设有纺织工程系、轻化工程系、服装设计与工程系，并设有丝绸科学研究院、现代丝绸国家工程实验室、丝绸工程江苏省重点实验室、院中心实验室。纺织科学与工程是国家重点学科。纺织工程学科为江苏省省级重点学科和品牌专业。

190 191

⑲⓪ 振亚与东吴

1916 年，陆季皋、娄凤韶等以华纶福纱缎庄为基础组建“振亚织物公司”。1943 年，振亚织物公司改组为振亚新记绸厂。1954 年 10 月 27 日，更名为“公私合营振亚丝织厂”。公私合营后，陶叔南任经理，倪寿昶任厂长。1966 年，私方定息期满，企业改为地方国营。“文化大革命”中，更名为红卫丝织厂。苏州东吴丝织厂创建于 1919 年，历史悠久，享誉国内外，集织造、纺丝，服装等生产能力于一体，是以生产出口真丝绸和各类交织花色绸以及化纤织物为主的全国丝绸行业大型骨干企业和出口定点单位，也是丝绸行业唯一的国家一级企业。

著名絲業

⑲ 美亚织绸

美亚织绸厂是中国近代丝织史上规模最大的企业之一。始建于 1917 年，设址上海华德路。原为丝商莫觞清、汪辅卿与美国商人兰乐壁合伙创办，故名“美亚”。1920 年，莫觞清以独资兴建绸厂于白莱尼蒙马浪路，仍沿用“美亚”厂名。1924 年，盘入闸北交通路的天华绸厂，改称美亚第二厂。1956 年公私合营时，美亚国内清估财产净值新人民币 216.40 万元。美亚织绸厂在李康年创办的上海中国国货公司辟有专柜，展销本厂的各种产品。当时国货公司经常举办时装表演，时任厂主蔡声白积极提供各式新颖、华美的绸缎服装。这些服装的绚丽色泽、新颖款式和柔软质地使观众惊叹不已，这些参展的绸缎服装及面料事后立即成为上海市场上的紧俏货。

192 193

⑫ 都锦生

都锦生

都锦生（1897—1943），号鲁滨，杭州人。杭州丝织风景创始人。毕业于浙江甲种工业学校机织专业。精于织丝和肖像、风景等新织法。其经过多次试验，继承我国织锦传统，于1921年织成第一幅丝织风景片“九溪十八涧”备受称赞。1922年，创办都锦生丝织作坊，织造的产品深受游客欢迎。1926年，其丝织风景片在美国费城博览会上获金质奖，名传海外。杭州都锦生丝织厂是当时国内最大的出口企业。解放后，公司生产规模不断扩大，丝绸丝织的产品品种达千种，多次获得国家级金、银奖，产品远销欧美、港澳台地区。

193 苏州丝绸博物馆

位于人民路北段，与报恩寺塔相望。建成于1991年9月。是一座集知识性、观赏性、经营性为一体的动静结合的丝绸专题博物馆，也是中国第一座丝绸博物馆。占地9410平方米，建筑面积4200平方米。苏州丝绸博物馆展出的古今丝绸史料、文物、丝织传统机械、设备和工具及现代丝织物，立体展示了中国丝绸的发展历史。展品分古代与现代两部分。古代部分起自嫘祖教民养蚕，直至清朝织造署，其中又分古代丝织沿革、苏州传统丝织品、历代丝绸图案三部分，陈列了历代丝绸发展史料和古代丝绸实物，包括出土文物等。现代部分展出了绫、罗、绸、缎等10多类丝绸和各色丝绸服装。在东织室、南织室、西织室中，织工们常用古老的天鹅绒织机、漳缎织机、云锦织机为参观者做现场表演，并复制出商代素白绢、战国塔形纹锦和舞人动物纹锦、西汉甘地绛红纹锦、东汉延年益寿子孙锦等珍品。

发展愿景
· 将成为世界上跨度最长的经济大走廊
· 发端于中国，贯通中亚，东南亚，西亚，
乃至欧洲非洲部分地区
· 覆盖约44亿人口，约占全球63%
· 经济总量约21万亿美元，约占全球29%
21世纪
AIIB
亚洲基础设施投资银行
Asian Infrastructure Investment Bank
沿线64个国家
丝路基金

第十二部分

建设新丝路

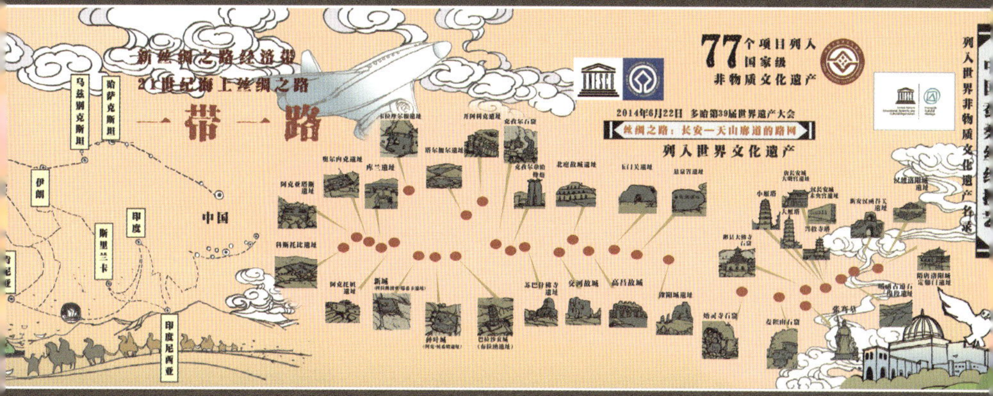
新丝绸之路经济带
21世纪海上丝绸之路
一带一路
乌兹别克斯坦
哈萨克斯坦
伊朗
印度
斯里兰卡
中国
印度尼西亚
77个项目列入国家级非物质文化遗产
2014年6月22日 多哈第39届世界遗产大会
丝绸之路：长安—天山廊道的路网
列入世界文化遗产

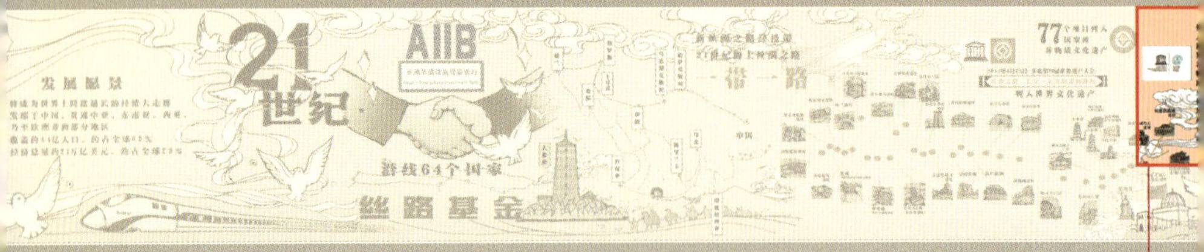

⑲④ 中国蚕桑丝织技艺

蚕桑丝织是中华民族认同的文化标识，5000 年来，它是中华文明的重要内容，并通过丝绸之路对世界文明产生了深远影响。为更好地保存保护这一珍贵的文化遗产，浙江、江苏、四川三省作为蚕桑生产的主产区和蚕桑丝织文化的保护地，三省文化行政部门联合行动，以中国蚕桑丝织技艺为项目由中国丝绸博物馆向联合国教科文组织申报人类口头与非物质文化遗产名录。中国蚕桑丝织包括：杭罗、绫绢、丝绵、蜀锦、宋锦等织造技艺及轧蚕花、扫蚕花地等丝绸生产习俗。中华民族是首先发明并大规模生产使用丝绸的民族，其制作的丝绸制品更是开启了公元前 2 世纪与公元前 1 世纪之间世界上的第一次东西方大规模的商贸交流。2009 年 9 月 30 日，中国蚕桑丝织技艺入选人类非物质文化遗产代表作名录。

二〇〇九年九月三十日

中国蚕桑丝织技艺

列入世界非物质文化遗产名录

UNESCO
United Nations
Educational, Scientific and
Cultural Organization

Intangible
Cultural
Heritage

⑲⑤ 国家级非物质文化遗产

截至2014年，和蚕桑丝绸有关的国家级非物质文化遗产如下：

湘绣，粤绣（广绣、潮绣），蜀绣，苗绣（雷山苗绣、花溪苗绣、剑河苗绣），水族马尾绣，土族盘绣，挑花（黄梅挑花、花瑶挑花、望江挑花），香包（庆阳香包绣制、徐州香包），北京绢花，堆锦（上党堆锦），湟中堆绣，瓯绣，汴绣，汉绣，羌族刺绣，民间绣活（高平绣活、麻柳刺绣、西秦刺绣、澄城刺绣、红安绣活、阳新布贴），彝族（撒尼）刺绣，维吾尔族刺绣，满族刺绣（岫岩满族民间刺绣、锦州满族民间刺绣、长白山满族枕头顶刺绣），蒙古族刺绣，柯尔克孜族刺绣，哈萨克毡绣和布绣，上海绒绣，宁波金银彩绣，瑶族刺绣，藏族编织、挑花刺绣工艺，侗族刺绣，锡伯族刺绣，南京云锦木机妆花手工织造技艺，宋锦织造技艺，苏州缂丝织造技艺，蜀锦织造技艺，乌泥泾手工棉纺织技艺，土家族织锦技艺，黎族传统纺染织绣技艺，壮族织锦技艺，藏族邦典、卡垫织造技艺，加牙藏族织毯技艺，维吾尔族花毡、印花布织染技艺，蓝印花布印染技艺（南通蓝印花布印染技艺），蜡染技艺（苗族蜡染技艺），扎染技艺（白族扎染技艺、自贡扎染技艺），蚕丝织造技艺（余杭清水丝绵制作技艺、杭罗织造技艺、双林绫绢织造技艺)，传统棉纺织技艺，毛纺织及擀制技艺（彝族毛纺织及擀制技艺、藏族牛羊毛编织技艺、东乡族擀毡技艺)，夏布织造技艺，鲁锦织造技艺，侗锦织造技艺，苗族织锦技艺，傣族织锦技艺，香云纱染整技艺，枫香印染技艺，新疆维吾尔族艾德莱斯绸织染技艺，地毯织造技艺（北京宫毯织造技艺、阿拉善地毯织造技艺、维吾尔族地毯织造技艺)，蓝夹缬技艺，中式服装制作技艺（龙凤旗袍手工制作技艺、亨生奉帮裁缝技艺，培罗蒙奉帮裁缝技艺，振兴祥中式服装制作技艺)，蚕桑习俗（含山轧蚕花、扫蚕花地)。

77个项目列入国家级非物质文化遗产

196 一带一路

“一带一路”是“丝绸之路经济带”和“21 世纪海上丝绸之路”的简称。它将充分依靠中国与有关国家既有的双多边机制，借助既有的、行之有效的区域合作平台。“一带一路”战略是目前中国最高的国家级顶层战略。国家发展改革委、外交部、商务部联合发布《推动共建丝绸之路经济带和 21 世纪海上丝绸之路的愿景与行动》，提出：发挥新疆独特的区位优势和向西开放重要窗口作用，深化与中亚、南亚、西亚等国家交流合作，形成丝绸之路经济带上重要的交通枢纽、商贸物流和文化科教中心，打造丝绸之路经济带核心区。利用长三角、珠三角、海峡西岸、环渤海等经济区开放程度高、经济实力强、辐射带动作用大的优势，加快推进中国（上海）自由贸易试验区建设，支持福建建设 21 世纪海上丝绸之路核心区。充分发挥深圳前海、广州南沙、珠海横琴、福建平潭等开放合作区作用，深化与港澳台合作，打造粤港澳大湾区。

⑲⑦ 丝绸之路世界遗产

2014 年 6 月，由中国、哈萨克斯坦、吉尔吉斯斯坦三国联合申报的丝绸之路成功申报世界文化遗产，“丝绸之路：长安—天山廊道的路网”成为首例跨国合作、成功申遗的项目。该项目经过的路线长度大约 5000 千米，包括各类共 33 处遗迹，申报遗产区总面积为 42680 公顷，遗产区和缓冲区总面积为 234464 公顷。其中，中国境内有 22 处考古遗址、古建筑等遗迹，包括河南省 4 处、陕西省 7 处、甘肃省 5 处、新疆维吾尔自治区 6 处。哈萨克斯坦境内有 8 处遗迹，吉尔吉斯斯坦境内有 3 处遗迹。

⑲⑧ 33处丝绸之路世界遗产地

“丝绸之路：长安—天山廊道的路网”路线长度约5000千米，包括各类共33处遗迹，其中：中国（22处）、哈萨克斯坦（8处）、吉尔吉斯斯坦（3处）3国33处文物点。具体如下：北庭故城遗址、交河故城、高昌故城、苏巴什佛寺遗址、克孜尔石窟、克孜尔尕哈烽燧、崤函古道石壕段遗址、新安汉函谷关遗址、隋唐洛阳城定鼎门遗址、汉魏洛阳城遗址、兴教寺塔、小雁塔、大雁塔、张骞墓、彬县大佛寺石窟、唐长安城大明宫遗址、汉长安城未央宫遗址、玉门关遗址、悬泉置遗址、锁阳城遗址、炳灵寺石窟、麦积山石窟、卡拉摩尔根遗址、科斯托比遗址、阿克亚塔斯遗址、奥尔内克遗址、库兰遗址、阿克托贝遗址、塔尔加尔遗址、开阿利克遗址、新城（科拉斯纳亚·瑞希卡遗址）、巴拉沙衮城（布拉纳遗址）、碎叶城（阿克·贝希姆遗址）。

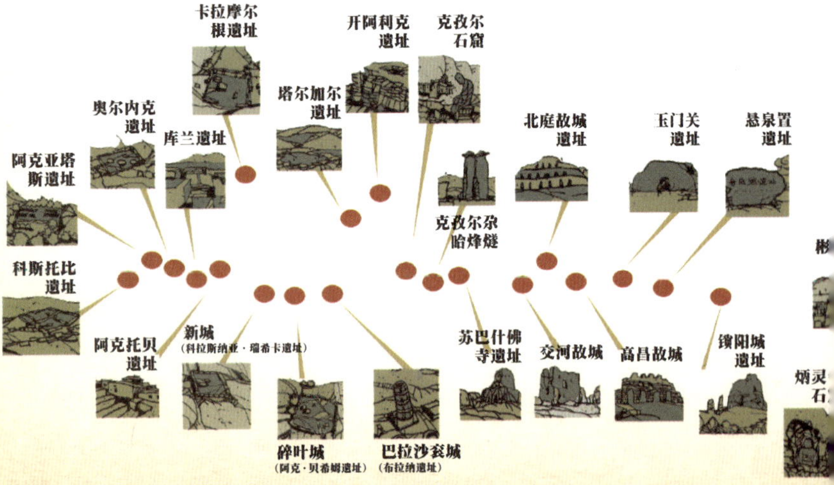

丝路基金

199 丝路基金

2014 年 11 月 4 日，国家主席习近平主持召开中央财经领导小组第八次会议，研究丝绸之路经济带和 21 世纪海上丝绸之路规划，发起建立亚洲基础设施投资银行和设立丝路基金。2014 年 11 月 8 日，国家主席习近平宣布，中国将出资 400 亿美元成立丝路基金。丝路基金是开放的，欢迎亚洲域内外的投资者积极参与。2014 年 11 月 9 日，在 2014 年亚太经合组织（APEC）工商领导人峰会上，习近平表示，丝路基金将为“一带一路”沿线国基础设施建设、资源开发、产业合作等有关项目提供投融资支持。2014 年 12 月 29 日，丝路基金运营机构正式成立。

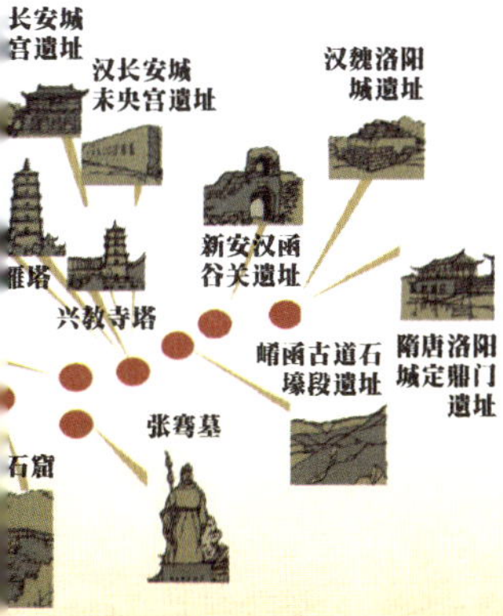

200

⑳⓪ 亚洲基础设施投资银行

亚洲基础设施投资银行（简称亚投行，AIIB）是一个政府间性质的亚洲区域多边开发机构，重点支持基础设施建设，成立宗旨为促进亚洲区域的建设互联互通化和经济一体化的进程，并且加强中国及其他亚洲国家和地区的合作。总部设在北京。2013 年 10 月 2 日，习近平主席提出筹建倡议，2014 年 10 月 24 日，包括中国、印度、新加坡等在内的 21 个首批意向创始成员国的财长和授权代表在北京签约，共同决定成立亚洲基础设施投资银行。截至 2015 年 4 月 15 日，亚投行意向创始成员国确定为 57 个，其中域内国家 37 个、域外国家 20 个。2016 年 1 月 16—18 日，亚投行开业仪式暨理事会和董事会成立大会将在北京举行，亚投行初期投资的重点领域主要包括五大方向，即能源、交通、农村发展、城市发展和物流。

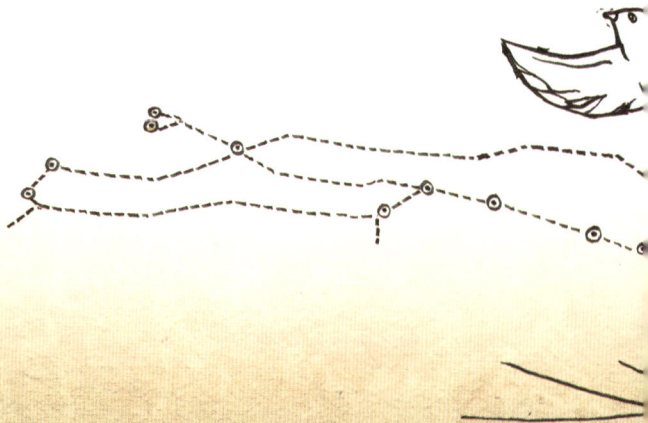

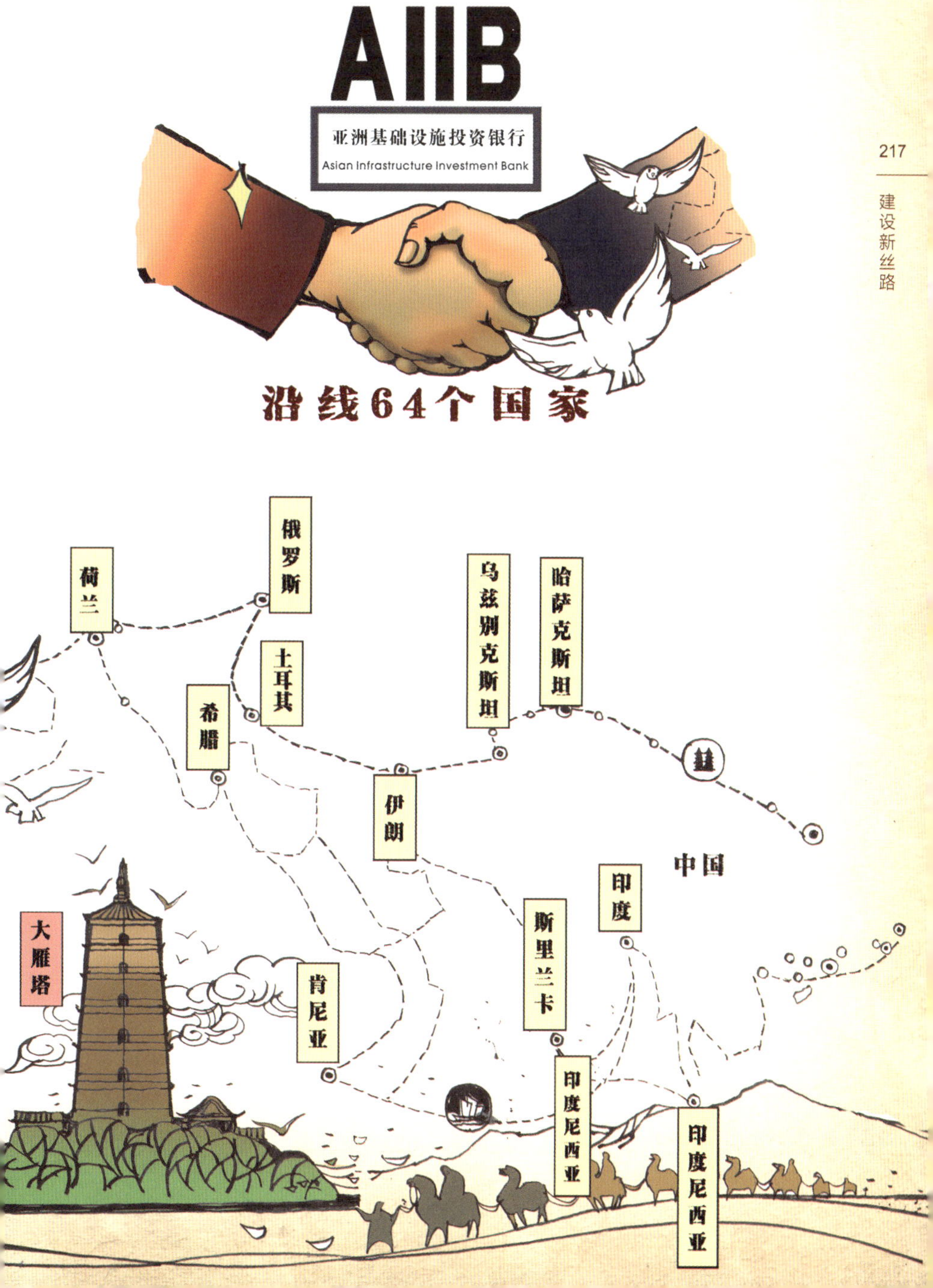
AIIB
亚洲基础设施投资银行
Asian Infrastructure Investment Bank
沿线64个国家
荷兰
俄罗斯
乌兹别克斯坦
哈萨克斯坦
土耳其
希腊
伊朗
中国
印度
斯里兰卡
大雁塔
肯尼亚
印度尼西亚
印度尼西亚

201

201 一带一路发展愿景

2015 年 3 月 28 日，国家发展改革委、外交部、商务部联合发布《推动共建丝绸之路经济带和 21 世纪海上丝绸之路的愿景与行动》，就“一带一路”建设过程中的五大合作重点提出五点倡议：第一，在政策沟通方面，加强政府间合作，积极构建多层次政府间宏观政策沟通交流机制。第二，在设施联通方面，宜加强基础设施、交通、能源建设规划、技术标准体系的对接，共同推进国际骨干通道建设，强化基础设施绿色低碳化建设和运营管理，在建设中充分考虑气候变化影响。第三，在贸易畅通方面，宜着力研究解决投资贸易便利化问题，积极同沿线国家和地区共同商建自由贸易区，改善边境口岸通关设施条件，推动新兴产业合作，优化产业链分工布局。第四，在资金融通方面，扩大沿线国家双边本币互换、结算的范围和规模。第五，在民心相通方面，扩大相互间留学生规模，开展合作办学，加强旅游合作、科技合作。

发展愿景

- 将成为世界上跨度最长的经济大走廊
- 发端于中国，贯通中亚，东南亚，西亚，乃至欧洲非洲部分地区
- 覆盖约44亿人口，约占全球63%
- 经济总量约21万亿美元，约占全球29%

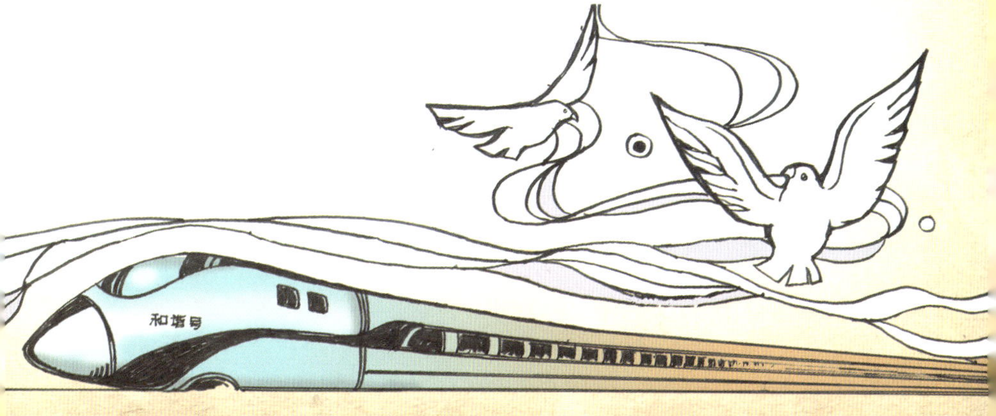

后记

人生如梦，梦如人生。

2014 年，我正式宣告步入知天命的年代。这一年，我很自豪地干了两件与“天地”相关的事——“惊了天，动了地”。一是“谢孝思星”小行星命名，二是去了南极负责长城站文化建设，算是为人生前 50 年画上了圆满的句号。

2015 年，我在社会各界朋友支持下顺利实现自己的“三星一路”梦想，所谓“三星”，即“母亲水窖星”“苏州园林星”及“和合星”的小行星命名；所谓“一路”，即创意策划了《丝绸之路手绘长卷》，属国内首创，填补空白。被朋友圈誉为“上厕所也是奔跑着的人”，一直自我感觉良好，惜时如金，没有浪费时光，这一切源于对科普的热爱。

自习近平总书记提出建设“一带一路”重大构想起，作为长期从事科学技术普及传播的科普工作者，我觉得：非常有必要开发一个让社会公众能在 5 至 10 分钟，快速了解具有 5000 年灿烂文明历史的丝绸之路世界文化遗产的通识浅读版作品。

我的这一构想得到了苏州市职业大学艺术学院邱中巍副教授、苏州大学艺术学院马路教授的积极响应，并很快达成共识成立项目创作组。线描版初稿问世后，项目组多次讨论、数易其稿，多次征求专家学者意见，反复聆听各界人士建议，认为在画稿内容创作安排上一定要尊重历史、还原历史以保证画卷史实的权威性，画稿在人物安排和场景设计创作上保证视觉美观，充分考虑其可阅读性，画稿成型后产品体现丝绸之路世界文化遗产特征，既要有项目独特性又要有文化多样性，还须考虑今后可持续发展等。

2015年11月24—25日，中国与中东欧16国领导人在苏州会晤，会上李克强总理为苏州丝绸推介。11月26日，《苏州日报》、苏州电视台等报道《一幅长卷展5000年丝绸文化》，算是丝绸之路手绘长卷在媒体的第一次亮相。12月11日，《苏州日报》在文化访谈栏目刊登了记者施晓平《苏州原创丝绸之路长卷为一带一路科普》整版报道后，国务院新闻办公室网站第一时间在“一带一路”专栏头版头条全文转载，成为苏州新闻界的盛事，社会各界反响强烈。这些，都给我们项目组带来极大的鼓励和鞭策。

今天，在《丝绸之路手绘长卷》和《彩图丝绸之路》付梓出版之际，首先要感谢联合国教科文组织亚太地区世界遗产培训与研究中心(苏州)名誉主任、亚太世遗中心古建筑保护联盟执行委员会主席汪长根、世界遗产专家周苏宁等对画卷的史料真实性、权威性等提出多方面的建设性建议。还要特别感谢中国文物界著名专家谢辰生先生为画卷欣然题词。谢辰生被誉为中国文物界泰斗，一生致力于文物遗产保护管理事业，2009年荣获“中国文化遗产保护终身成就奖”。感谢享受国务院特贴专家、国家一级美术师、苏州国画院院长周矩敏题跋。感谢南京大学博士生导师刘迎胜教授审稿把关，并提出不少修改意见，为出版本书奠定了坚实基础。

在画卷的创作过程中，得到了中国人民大学教授、文化艺术策划与推广专家王鹏的悉心指导，王教授对画卷的社会普及和市场推广等提出不少真知灼见。中央文化管理干部学院曾陆红教授对画卷的艺术特点、人物、场景等提出个人观点和看法。视觉艺术专家尔冬强不仅对画卷的视觉艺术传达、色彩处理等提出了很好的建议，还开放了尔冬强丝绸之路视觉文献中心作为项目创作源泉。有“中华文化艺术授权第一人”之称的北京大学美学博士郭羿承，先后多次提供无私的帮助，使项目组深受启发，受益匪浅。在此，一并表示衷心感谢。

除此之外，应该感谢国家级丝绸专家钱小萍和苏州丝绸博物馆王晨副馆长，是她们二位为项目组在创作画卷丝绸发展史中解疑释惑、细致点评。感谢著名辞赋家高志其，为画卷文化认同指明方向。感谢我的好友王维、张德兵、梁虹、张华、居易、徐仲民、钟连元、唐伟明、章国平等从不同角度、不同层面提了很多很好的建议。感谢苏州大学出版社倪浩文编辑对本书内容做了大量的修改工作。特别感谢原中国文物学会世界遗产研究委员会秘书长丹青作为《苏州日报》文化访谈嘉宾以来，对项目的支持和无私奉献，在文化内涵的提升、正能量的挖掘上，提供了大量的考证资料。正是有了他们的默默支持，项目才能走到今天。最令人感动的是谢老不顾年事已高，联袂丹青先生，在百忙之中为本书撰写了序言，起到画龙点睛、点石成金的作用。

最后，我还要感谢在各方面鼓动、帮助和支持本项目的各级领导、专家和朋友，包括我们单位全体同仁和我的家人，没有他们的支持，这个项目可能半途而废，停滞不前。当然，还不能忘记感谢中国科学技术出版社的领导和专家，没有他们付出艰辛的努力，图书也不可能在较快的时间里与读者见面。

请别小看一个赞许欢喜的眼神，请别忽视一句随喜赞叹的语言。领导、专家、学者、朋友、同事、家人等这一丝一缕之情，成为我在丝绸之路画卷项目创作开发中不竭的动力。由此联想到，这千丝万缕织就绚丽多彩的丝绸，领世界数千年风流，其实说到底也就是一根蚕丝而已。

世界就这么神奇，世界就这么简单，懂得就好！

丝绸之路画卷创作秉承尊重历史、不悖历史、还原历史的理念，使图文尽可能做到有史可查、有据可依。但是，由于跨越5000年的时空，丝绸文明没有系统的丝绸之路发展史可供借鉴，故而本书中难免有错漏、粗疏、谬误之处，真诚期待读者朋友多提宝贵意见。让我们一起携起手来，共同谱写丝路文明的鸿篇巨制，让它的传播具有更丰富的人文精神、文化内涵和时代价值。

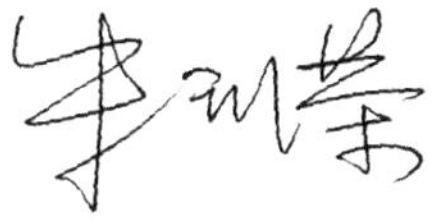

于姑苏金狮文化园

2016年3月